广东省教育科学规划重点课题成果

劳育视域下的
居家生物学

肖小亮 ◎ 主编

中国出版集团　现代出版社

图书在版编目（CIP）数据

劳育视域下的居家生物学 / 肖小亮主编. — 北京：
现代出版社，2023.9

ISBN 978-7-5231-0370-8

Ⅰ.①劳… Ⅱ.①肖… Ⅲ.①劳动教育—案例 Ⅳ.
①G40-015

中国国家版本馆CIP数据核字（2023）第153841号

劳育视域下的居家生物学

作　　者	肖小亮	
责任编辑	窦艳秋	
出版发行	现代出版社	
地　　址	北京市安定门外安华里504号	
邮政编码	100011	
电　　话	010-64267325　64245264	
网　　址	www.1980xd.com	
印　　制	北京政采印刷服务有限公司	
开　　本	710mm×1000mm　1/16	
印　　张	11	
字　　数	160千字	
版　　次	2023年9月第1版　　2023年9月第1次印刷	
书　　号	ISBN 978-7-5231-0370-8	
定　　价	68.00元	

目录

第一章　玩转蔬菜

第二章　玩转水果

第三章　玩转花卉

01

第一章

玩转蔬菜

案例① "水八仙"之"路路通"

——玩转水芹

前言

　　水芹是伞形科，属多年生草本植物，茎直立或基部匍匐。水芹是"水八仙"之一，常以嫩茎和叶柄炒食，其口感嫩，味鲜美，营养丰富。水芹又被称为"路路通"，通常在春节期间被作为一道必不可少的佳肴端上餐桌，寄予了人们美好的心愿和祝福。现在让我们一起以水芹为材料进行菜肴制作和学习吧！

【活动一 香干炒水芹】劳动技能

　　用水芹和豆干混炒，加以辣椒调味，就能做成一道价格实惠、简单易做又美味的菜肴，一起来制作吧！

活动过程：

1. 水芹去叶洗干净切段，香干洗干净切条，生姜切末，红辣椒切条。

2. 锅热油下姜末、辣椒爆香，倒入水芹段，大火翻炒。

3. 炒至水芹变色，倒入香干再一起翻炒。

4. 倒入生抽少许（1勺左右），同时加适量盐和鸡精调味即可。

【活动二 水芹叶炒蛋】劳动技能

营养学家研究发现，水芹叶的营养比水芹茎的营养还要丰富。一组数据显示，其叶的胡萝卜素含量是茎的88倍，维生素C含量是茎的13倍，钙含量是茎的2.5倍。我们可以用水芹叶制作成美味的水芹叶炒蛋哦。

活动过程：

1. 水芹叶切碎，打入两个鸡蛋。

2. 加入少量油、适量盐、鸡精搅拌均匀。

3. 锅里放油，将搅拌好的材料上锅煎炒。

4. 煎好后倒入少量酱油调味。

【活动三 水芹饺子】劳动技能

饺子是中国人春节常吃的美食，以面粉做皮，里面包上各种肉或蔬菜做成的馅料。水芹嫩叶柄有特殊香味，切粒和馅做成的饺子口感和味道都很棒哦。下面让我们一起动手吧！

活动过程：

1. 水芹嫩叶柄切粒。

2. 把打碎的肉、木耳、玉米粒、马蹄颗粒和水芹粒调味混匀做成水芹饺子馅料。

3. 包好饺子后，可蒸可煮。

4. 蒸好的饺子搭配水果等成就了一早上的美味和营养。

【拓展一　识别芹菜的种类】调查研究

活动过程：

1. 查阅资料，了解西芹、香芹及水芹的特征。

2. 和家人一起去市场辨认三种芹菜。

3. 认真观察，将三种芹菜的不同填入下表。

活动任务：

观察西芹、香芹、水芹这三种芹菜根、茎、叶及气味的区别，填入下表。

项目	根	茎	叶	气味
西芹				
香芹				
水芹				

1. 你还能列举三种芹菜的其他区别吗？

2. 查阅资料比较三种芹菜的营养价值有何不同。

【拓展二　水芹适应水环境的结构特点】实践探究

活动过程：

1. 观察水芹的外形和内部结构，并描述其特点。

2. 查阅资料，说出水芹适应水环境的结构特征。

3. 选取一种水生植物观察，说出其适应水环境生长的结构特点。

通气组织是植物薄壁组织内一些气室或空腔的集合。植物在缺氧环境中容易分化产生或加速通气组织的发育。通气组织形式多样、结构复杂，它是氧气运入根内的通道，是水生植物适应水环境的重要结构。

活动任务：

1. 留意身边的水生植物，尝试找出并观察它们的通气组织。

2. 你还能说出水生植物有哪些结构与其生存环境相适应吗？

【拓展三 了解水生植物的类型】实践探究

根据水生植物的生活方式，一般将其分为以下几大类：挺水植物、浮叶植物、沉水植物、漂浮植物以及湿生植物。下面介绍两种常见的水生植物类型。

挺水植物植株高大，根或地茎扎入泥中生长，上部植株挺出水面，常见的有荷花、再力花等；浮叶植物的根状茎发达，无明显的地上茎或茎细弱不能直立，叶片漂浮于水面上，常见的有碗莲、王莲、睡莲、芡实等。

碗莲　　　　　　　　　　荷花

活动任务：

1. 留意观察身边的水生植物并区分属于哪种水生植物。

2. 考察并思考水生植物具有哪些生态或经济价值。

【拓展四 水芹的药用价值】调查研究

水芹有极高的药用价值，《中国药用植物志》记录其嫩茎捣汁服，可降低高血压；《本草拾遗》也提到其茎叶捣绞取汁，可去小儿暴热，大人酒后热毒、鼻塞、身热，利大小肠。

现在药理学研究表明，水芹有抗肝炎、保肝退黄、降酶和抗乙肝病毒等作用。此外，还对心血管有一定作用，如能抑制心脏活动，降血压、降血糖和抗过敏等。

活动任务：

1. 询问前辈或老人有无用水芹入药的偏方。

2. 查找文献资料，搜寻水芹具有药用价值的科学依据。

3. 根据查找资料思考哪些人群不宜长期大量食用水芹。

【拓展五 水芹的经济价值】实践应用

"泥鳅—水芹"套养模式。泥鳅肉质细嫩、味道鲜美，它可以消灭土壤及水中的害虫，减轻作物病害发生，它的排泄物还可以作为肥料供作物生长。将水芹套养泥鳅，水芹吸收了泥鳅在水中产生的氨氮和磷作为自身的营养，又减轻了对水质的污染，一举两得。查阅资料显示，每亩水芹全年总产量可达1万~1.5万千克，产值3万~4万元；成鳅产量约450千克，产值近1万元。

活动任务：

1. 查资料了解水芹还能和什么套养。

2. 类比珠三角的"桑基鱼塘"种养模式，归纳共同点及其优势。

【拓展六 鱼菜共生系统的设计与制作】创新实践

STEM活动：仿照"泥鳅—水芹"套养模式、"桑基鱼塘"种养模式，以及参照右图设计并制作"鱼菜共生"系统，实现资源互补及循环利用。

鱼菜共生系统

活动任务：

1.基于水芹的"鱼菜共生"系统的设计与制作。

2.自主选材的"鱼菜共生"系统的设计与制作。

3.继续通过查阅资料学习改进你的"鱼菜共生"系统吧！

【拓展七 寻找与水芹有关的历史文字记载】调查研究

水芹是一种古老而富有诗意的中国本土植物，下面我们一起赏析有关水芹的历史文化。

《诗经·尔雅》记录："芹，楚葵也。"

《吕氏春秋·本味》写道："菜之美者，云梦之芹。"

《诗经·鲁颂·泮水》中也有水芹的记载："思乐泮水，薄采其芹。"

《吴邑志》描述道："芹，春生泽中，洁白有节，其气芬芳。"

张世进诗云："春水生楚葵，弥望碧无际。泥融燕嘴香，根苗鹅管脆。"

陈继儒作出"春水渐宽，青青者芹。君且留此，弹余素琴"的诗句等。

活动任务：

你还知道哪些关于水芹的历史文化，欢迎留言分享。

（案例作者：余秋梅 广东省湛江市岭南师范学院附属中学）

案例② 包"萝"万象 无奇不有

——玩转萝卜

前言

俗话说"冬吃萝卜夏吃姜,不劳医生开药方","萝卜上市,郎中下岗"。由此,可知萝卜具有很多药用价值。并且,萝卜经常被做成餐桌上的美味佳肴。北魏贾思勰《齐民要术》一书已有萝卜栽培方法的记载!下面,我们一起来居家玩转萝卜吧。

【活动一 调查萝卜的种类】调查研究

活动要求:

请同学们尝试上网收集资料,了解萝卜的种类,以表格的形式记录。(加以图片描述)

	种类名称	形态结构	图片
1			
2			
3			
4			

方法提示:资料分析法,文献调查法,网上搜索法。

【活动二 萝卜的种植】生产劳动

尝试了解萝卜的生长环境需求，并进行萝卜种植，以表格及拍照的形式记录萝卜的种植过程。

种植方式	生长温度	空气湿度	土壤含水量的需求	光的需求	土壤肥力需求

思考： 怎样种植能提高萝卜的产量？

拓展： 试根据上述探究，命一道中考题。

【活动三 探究萝卜的去污功效实验】科学探究

尝试探究萝卜的去污功效，设计实验方案，进行实验，完成实验报告。拍照、录视频记录实验的过程及实验结果。

烧杯号	加入清水量	加入碘液量	是否加萝卜丁	搅拌均匀	开始颜色	2分钟后颜色（图片）	5分钟后颜色（图片）	8分钟后颜色（图片）	10分钟后颜色（图片）
1									
2									

思考： 萝卜去污的原理是什么呢？萝卜可以用于清理厨房台面吗？

【活动四 观察萝卜的导管实验】科学探究

实验原理：萝卜的导管或管胞中含木质素，盐酸酸化后，木质素由于间苯三酚溶液发生显色反应。

实验材料：萝卜、盐酸、间苯三酚溶液、数码显微镜。

实验步骤：

1. 萝卜切薄片（纵切、横切、斜切）。

2. 萝卜薄片放入40%的盐酸中浸泡10分钟，清水漂洗。

3. 萝卜薄片在间苯三酚溶液中浸泡5分钟。

4. 肉眼观察，接着在数码显微镜下观察。

实验现象	文字表达	图片或视频呈现
实验结论		

思考：

1. 结合实验及所学知识，思考萝卜的哪种组织很发达。

2. 萝卜有药用价值吗？

【活动五 探究萝卜的蛋白质鉴定实验】科学探究

实验原理：蛋白质可与双缩脲试剂产生紫色反应。

实验材料：萝卜、双缩脲试剂。

实验步骤：

1. 萝卜切块，搅碎成浆状。

2. 往3毫升萝卜样液中加入3毫升双缩脲试剂A，振荡均匀（营造碱性环境）。

3. 再加入1～2滴双缩脲试剂B，振荡均匀。

4. 观察液体颜色的变化。

实验现象	文字表达	图片或视频呈现
实验结论		

思考：用萝卜作为实验材料进行蛋白质的鉴定实验有什么优点？

【活动六 探究白萝卜与胡萝卜能否同食】科学思维

实验原理： 测定白萝卜与胡萝卜的维生素C（Vc）含量。

实验材料： 白萝卜、胡萝卜、2%草酸。

实验步骤：

1.将胡萝卜和白萝卜去皮、洗净、擦干，用搅拌机制成匀浆。

2.2，6-二氯酚靛酚滴定法。

（1）分别称取25克，各加入2%草酸10毫升，用两个250毫升容量瓶定容，离心。用白陶土对胡萝卜滤液进行脱色，再离心。将其加热，冷却备用。

（2）滴定样品的维生素C（Vc）含量。

3.计算。

实验结果：

样品	滴定2，6-二氯酚靛酚溶液平均体积（毫升）	Vc含量（毫克/100克）
熟白萝卜	3.23±0.03	15.6
熟胡萝卜	0.08±0.01	0.01
熟萝卜混合液（块状煮熟）	1.17±0.03	5.45
熟萝卜混合液（浆状煮熟）	0.13±0.07	0.25

Vc含量：熟萝卜混合液（块状煮熟）_____熟白萝卜+熟胡萝卜

Vc含量：熟萝卜混合液（浆状煮熟）_____熟白萝卜+熟胡萝卜（如何画曲线图表示实验结果？）

实验结论： _____。

思考： 采用紫外分光光度法对萝卜Vc含量进行测定使实验结论更具可靠性，如何进行实验？

【拓展一 "舌尖上的萝卜"大比拼】劳动技能

可通过小程序搜索了解萝卜的不同烹饪方法（以表格的形式记录，可配以图片）：

菜谱	配料	步骤	图片	创新
萝卜排骨汤				
萝卜焖牛腩				
羊肉萝卜汤				
萝卜炒粉丝				

【拓展二 走进粤西民间，腌制风味"菜尾"】劳动体验

在粤西地区，无论是在喜宴、年例，还是春节期间的饭桌上，都会经常见到"菜尾"。

方法步骤：

1. 将采摘回来的萝卜叶清洗干净。

2. 将萝卜叶自然风干水分。

3. 然后把萝卜叶放进窖坛子，一层萝卜叶一层盐搅拌均匀。

4. 加上盖子，密封发酵2个星期。

思考：用萝卜叶怎样腌制酸菜？与咸菜做法有什么区别？

动手：做一道和"菜尾"有关的菜肴。

【拓展三 萝卜的"药用价值"】社会责任

中医认为，萝卜属金，能入肺经，归于脾脏，润肺气平，消食又除疾，解

毒生津。

要求：通过上网查找资料，制作萝卜的药用价值表，并做好宣传。

部位	药用1	药用2	药用3	药用4
萝卜叶				
萝卜皮				
萝卜块茎				
萝卜泥				

体验：传承中国博大精深的中医文化，尝试运用探索的知识进行身体保健。

【拓展四 认识萝卜的黑腐病】社会责任

要求：通过上网查找资料，了解萝卜黑腐病的病因、病症和预防。

病因	
病症	
预防	

应用：为了防止黑腐病的出现，种植时的注意事项有哪些？萝卜的黑腐病的病因、病症及预防。

后记

　　拓展活动还可以设计很多，如萝卜蹲游戏——探究反射、反射弧等；探究萝卜在水中是下沉还是上升实验；小萝卜大生产——通过控制沙窝萝卜种植的温度和通风采光时间，同时采用无损检测设备，像卖钻石一样卖萝卜；萝卜的创意应用，进行仿生创作；制作广式萝卜糕，在"做中学"；一起晒萝卜，并区分萝卜干与酸萝卜；萝卜谚语大比拼，如"萝卜响，咯嘣脆，吃了能活百来岁"等，助力感受中华民族博大精深的传统文化；萝卜的美容功效，制作有机护肤品……总之，希望同学们在"学中做、做中学"，体验生活，积极参与劳动实践，多进行科学探究，提升科学思维和探究能力，增强社会责任感。

（案例作者：李雪影　广东省东莞市东华初级中学）

案例③ 韭香千年回味无穷

——玩转韭菜

前言

　　韭香从《诗经》时代经唐宋酝酿带到今天，可谓"韭香千年"。韭菜，属百合科多年生草本植物，具特殊强烈气味，叶、花葶和花均可食用；种子等可入药，具有补肾、健胃、提神、止汗固涩等功效。一年四季都有韭菜，很多人喜欢吃韭菜，春天的韭菜最好吃，嫩、香。

【活动一 观察：韭菜的叶、花、果实】观察分析

　　1. 观察韭菜叶的颜色和形态结构，可以做成叶片横切的临时切片在显微镜下观察叶片的结构。

　　2. 韭菜花：富含钙、铁、胡萝卜素、核黄素、抗坏血酸等有益健康的成分。

　　3. 韭菜的果实和种子：韭菜的果实为蒴果，呈三棱状，果顶有缝合线，内部有3片膜质间隔着，成为3室，每室有2粒种子。成熟的韭菜种子为黑色，可以用放大镜观察。

| 韭菜幼苗 | 韭菜的叶子 | 韭菜的花蕾 | 韭菜的花 |

【活动二　分辨：韭菜与葱、蒜】生活常识

同学们周末和家人一起到市场买菜做饭，如何区分韭菜与葱、蒜呢？

可以通过列表观察对比：

形态结构	韭菜	葱	蒜
根			
茎			
叶			

【活动三　制作：韭菜佳肴】劳动实践

　　1.韭菜炒鸡蛋：新鲜韭菜洗净切碎，鸡蛋同切碎的韭菜搅匀，用素油、食盐同炒至熟佐食。功效：温中养血，温肾，暖腰膝。

　　2.韭姜牛奶：韭菜250克，生姜25克，洗净切碎捣烂，以洁净之纱布绞取汁，放入锅内，再兑入牛奶250克，加热煮沸，趁热食用。功能：温中下气，和胃止呕。

　　3.韭菜饺子：韭菜、肉酱、饺子皮、调味料等。

　　4.韭菜炒鲜虾：韭菜、鲜虾（去壳）炒熟佐食。功能：补肾益精。

【活动四 探究：韭菜与韭黄的异同】科学探究

1. 探究：韭菜和韭黄有什么差别？

韭菜：以一般日照方式栽培出来的韭菜为绿色的青韭，以食用茎、叶部为主。为什么韭菜的叶子绿油油的？

韭黄：等到韭菜采收后，以黑色遮光罩将留下的根茎部覆盖得密不透光，让韭菜因吸收不到阳光、无法进行光合作用，而难以长出强韧的纤维质，叶片也因此不会呈现青绿色，而改长出黄叶，变成质地软嫩的韭黄。

对比	叶颜色	生长环境	做菜方式	口感
韭菜				
韭黄				

2. 探究：关于韭菜与韭黄，可以设计实验，进一步探究：

（1）韭菜如何变成韭黄？

（2）韭黄可不可以变回韭菜呢？

提示：叶绿素在光下形成。

实验前：左侧放在光下，右侧　　　　实验结果（1～2周后）
放在较黑暗处（纸箱没封）　　　　左韭菜长势良好，叶子绿色
　　　　　　　　　　　　　　　　右韭菜矮小，叶子部分变黄

得出结论：_____。

【拓展活动】综合提升

1. 溯源：《诗经》里是如何记载韭菜？

提示：四之日其蚤，献羔祭韭。九月肃霜，十月涤场。朋酒斯飨，曰杀羔羊。跻彼公堂，称彼兕觥，万寿无疆。（《诗经·豳风·七月》节录）

2. 调查：韭菜的功效有哪些？韭菜有哪些不同的食用方法呢？在食用韭菜的时候要注意哪些事项？

3. 探究：可以设计一个有关韭菜的探究实验吗？

提示：韭菜茎叶内含芳樟醇、甙类、苦味素及硫化物，这些化合物对一些霉菌具有杀伤作用。韭菜提取液对大毛霉菌、柑橘青霉菌、立枯丝核菌和胶胞炭疽菌有较强的抑制作用。

4. 实践：如何种植韭菜？走进韭菜地，挖韭菜小植株，种到花盆里。

5. STEM教育：探秘韭菜如何无公害。

6. 思考：如何种韭菜脱贫致富？如何割韭菜更高效？

（案例作者：李影文　广东肇庆中学）

案例④ **多变色彩　魔幻科学**

——玩转紫甘蓝

前言

　　紫甘蓝是一种接近圆白菜的紫色蔬菜，紫甘蓝做起美食来会让食物的颜色更加亮丽。紫甘蓝中含有大量的花青素，但花青素不耐热，容易被氧化、分解。紫甘蓝汁可以作为一种指示剂，在酸性条件下呈红色，在碱性条件下则呈蓝色。多么神奇的蔬菜，一起来玩转紫甘蓝！

【活动一　观察和测量】科学观察

活动要求：

1.测量紫甘蓝整个叶球的质量。

2.观察紫甘蓝纵切结构。

3.测量紫甘蓝叶球主茎的长度。

	质量	主茎长度	质量/主茎长度
1			
2			
3			
平均值			

　　方法提示：用电子秤测量叶球的质量，将紫甘蓝纵切后用直尺测量主茎长度。

【活动二　紫甘蓝的变色反应】科学探究

准备： 将紫甘蓝切碎放入榨汁机，再放入清水，榨汁、过滤备用。

探究： 将紫甘蓝汁分成四等份，按照下图的设计思路来完成实验，注意观察颜色变化。

　①不处理　　　②水浴加热5min　　③加入几滴白醋　　④加入少量小苏打

思考：

1. 以上的科学探究共有几组对照实验？变量分别是什么？

2. 为什么紫甘蓝汁在酸性条件下呈红色，在碱性条件下则呈蓝色？

进一步探索： 尝试用紫甘蓝汁来初步判断自来水、蒸馏水、肥皂水、雪碧、食盐水等的酸碱度。

【活动三　紫甘蓝在中国】调查研究

调查： 紫甘蓝起初在中国不受待见，在中国种植时间不到百年。调查紫甘蓝起初不受待见的原因及其烹饪方法。

拓展研究： 开展市场调查，了解紫甘蓝最近一周的价格行情走势。

【活动四 比较甘蓝大家族的营养价值】科学决策

调查：

1. 了解甘蓝大家族的主要种类。

2. 查找文献，制作营养成分表，比较甘蓝大家族中各成员的营养价值，以此帮助大家做选择。

蔬菜名称	能量	蛋白质	脂肪	糖类	胡萝卜素	维生素C	维生素E	钙	磷	铁
卷心菜										
紫甘蓝										
花椰菜										
西兰花										
芥蓝										
羽衣甘蓝										
抱子甘蓝										
苤蓝										

【活动五 紫甘蓝美食制作】劳动技能

活动要求：在家长的陪同下，用观察实验后的紫甘蓝来制作美食，具体方法可求助家长或网络。

活动材料：紫甘蓝、胡萝卜、萝卜、面粉、鸡蛋、冬瓜等。

凉拌紫甘蓝

紫甘蓝酸萝卜

紫甘蓝双色馒头

紫甘蓝鸡蛋饼　　　　　　　水晶紫葡萄

烹饪提示：

1. 紫甘蓝爆炒后变为黑紫色，建议不用炒的方式，以免影响食欲。

2. 焯水不要超过一分钟，焯完后马上投入冷水中。

3. 调紫甘蓝汁时用白醋，调出来的颜色会很鲜艳亮丽。

【活动六 紫甘蓝的种植】生产劳动

种植劳动：购买紫甘蓝种子，在自家阳台种植紫甘蓝，也可以购买紫甘蓝幼苗直接定植。

1. 选种：从菜市场购买或者网购紫甘蓝种子，推荐选择早熟型种子。选购种子时，问清楚播种期及种植注意事项。

2. 育苗：将土壤疏松作为苗床，给苗床浇透水，将紫甘蓝种子埋入苗床。

3. 定植：挑选比较粗壮的紫甘蓝幼苗，移栽到较大的花盆（阳台有较深的花槽也可以）。由于紫甘蓝长大后占地面积较大，通常一个花盆种一棵紫甘蓝幼苗，花槽中间隔30~35厘米种植一棵幼苗。

4. 管理：移栽后，幼苗要放在通风、弱光的地方生长，不要直接暴晒，及时浇水，保持土壤湿润。移栽10天后开始施肥，持续做好除草、水分管理、肥料管理、防治病虫害等工作，直到收获为止。

【拓展一 调查有关花青素的前沿科学】调查研究

资料：据统计，在27个科73个属植物中均含花青素。花青素应用广泛，如食品着色、染料、医药、化妆品等方面。国际粮农组织将花青素列为人类健康食品之一，具有抗氧化、预防心脑血管疾病、保护视力、改善睡眠、抵抗过敏等作用。

调查方向：

1. 高纯度花青素提取工艺研究进展。

2. 从紫甘蓝中提取天然蓝色素的研究进展。

3. 花青素抗氧化（抗癌、抗过敏等）机制。

【拓展二 基于花青素图表的思维训练】科学思维

资料：花青素是当今人类发现的最有效的抗氧化剂，也是最强效的自由基清除剂。某些植物能大量合成花青素，合成花青素需要原料、花青素合成酶和能量。

训练：某科研小组研究了温度对花青素合成酶活性的影响，结果如图所示。观察下图，你可以总结出哪些规律？

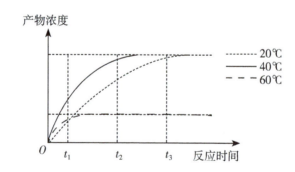

规律1：_____。

规律2：_____。

拓展：试以上图为素材，命一道中考题。

【拓展三 扎染时装秀】创新思维

资料：扎染是指织物在染色时部分结扎起来使之不能着色的一种染色方

法，是中国传统的手工染色技术之一。将果蔬的天然色素提取出来，对布料进行扎结和染色，会产生很奇妙的反应。

逆向思维：反向扎染正好相反，将布料进行扎结后，使用漂白剂去除布料已经上色的颜色，会有意想不到的效果。

运用思维：运用扎染和反向扎染工艺对布料进行加工，设计并制作服装。

实践：在校园中开展扎染时装秀活动，让同学们分享创意、展示美。

【拓展四　蔬菜的四性五味】社会责任

资料：中医将食物分为四性、五味。四性即寒、凉、温、热四种属性；五味是指酸、苦、甘、辛、咸。比如，紫甘蓝性凉，味甘。

要求：通过上网查找资料，制作蔬菜四性五味表并用于指导家人生活。

性质	四性				五味				
	寒性	凉性	温性	热性	酸	苦	甘	辛	咸
蔬菜									

提示：认识常见蔬菜的属性，认同"食药兼用"理念，学以致用，从而改善家人生活。

后记

接下来继续从STEM项目学习的角度出发，用较低的成本来完善"紫甘蓝全席"，尽量涉及科学（食物的营养搭配，膳食平衡配置）、技术（菜品造型）、工程（烹调）、数学（购买原材料计算）、艺术（颜色调配，造型设计）等多学科的融合应用。

（案例作者：黄敏宏　广东省东莞市清溪中学）

案例⑤ 片片鳞叶情 催人泪下兮

—— 玩转洋葱

前言

　　洋葱作为蔬菜已有五千年的历史，如今更是常出现在人们的餐桌上。在中国，洋葱也是很多家庭厨房里最常见的蔬菜。洋葱之所以如此受追捧，是因为它不但有较高的食用价值，而且具有很好的药用价值、实验价值及居家使用价值等，下面让我带着大家一起来玩转洋葱吧！

【活动一 观察洋葱的内部结构】科学观察

活动设计：请同学们在家观察并解剖洋葱，认识洋葱的结构。

膜质鳞片叶

肉质鳞片叶

鳞茎

弦状须根

　　资料：洋葱的胚根入土后不久便会萎缩，因而没有主根，其根为弦状须根，着生于短缩茎盘的基部，根系较弱，无根毛。茎是短缩茎，周围着生多层肥厚鳞片叶，形成鳞茎（俗称葱头），这是供人们食用的主要部分。

【活动二　尝试"切洋葱，不辣眼"十法】科学探究

资料： 用洋葱做菜总少不了要切洋葱，但切洋葱时会辣眼，甚至泪流满面。这是因为它含有葱蒜辣素，加工时因气味刺鼻而会辣眼，甚至使人流泪。

活动设计： 了解以下十个"切洋葱，不辣眼"的小妙招，尝试动手试试效果如何。

"切洋葱，不辣眼"十法	
方法	说明
1. 凉水泡	把洋葱对半切开，放凉水中泡5～10分钟
2. 冰箱冷藏	把洋葱剥去外皮后，放冰箱的冷藏室内5～10分钟
3. 水中切	在水中切洋葱，可以控制洋葱里面气体的挥发
4. 微波炉加热	将整个洋葱包上保鲜膜加热20秒
5. 用湿润的刀切	切时经常用水湿一下刀，最好在菜刀上抹点植物油
6. 戴着泳镜切	泳镜对眼睛的封闭效果较好，刺激物不会进入眼睛里
7. 鼻塞纸巾	此法虽不雅观，但可塞住鼻子，防止刺激物进入鼻子刺激眼睛
8. 嚼口香糖	嚼口香糖时上下颌不断开合，会在内部形成负压把泪液吸到口腔，这样眼里没多余的泪液就不会流泪了
9. 咬筷子	切洋葱时将筷子横着衔在嘴里，因为衔着筷子口腔内就会变干燥，体内就会分泌唾液，与切洋葱时流出的眼泪相比，唾液会率先流出
10. 在砧板旁点蜡烛	切洋葱时在砧板旁点支蜡烛，可以减少洋葱的刺激气味

【活动三　观察洋葱细胞的失水和吸水现象】科学探究

活动材料与用具： 显微镜、紫皮洋葱、载玻片、盖玻片、镊子、吸水纸、纱布、刀片、清水、0.3克/毫升蔗糖溶液。

活动设计： 请在探究过程中对下列步骤拍

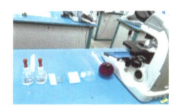

照，将照片贴到方框内。

1. 制作临时装片并观察。

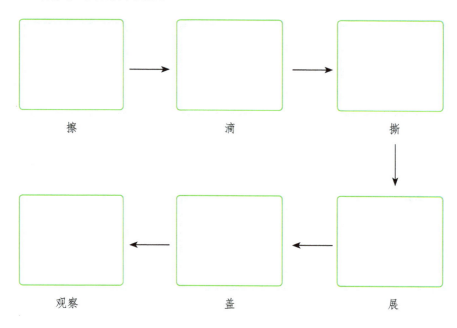

擦　　　　　　　　滴　　　　　　　　撕

观察　　　　　　　盖　　　　　　　　展

2. 观察细胞失水（质壁分离）现象。

1. 从显微镜上取下装片，放在实验桌上。

2. 从盖玻片的一侧滴入0.3g/mL的蔗糖溶液，在盖玻片的另一侧用吸水纸吸引，重复几次。

3. 高倍镜下观察表皮细胞发生的变化。

4. 看到中央液泡变小，原生质层脱离细胞壁。

细胞外液浓度>细胞液浓度：细胞失水

3.观察细胞吸水（质壁分离复原）现象。

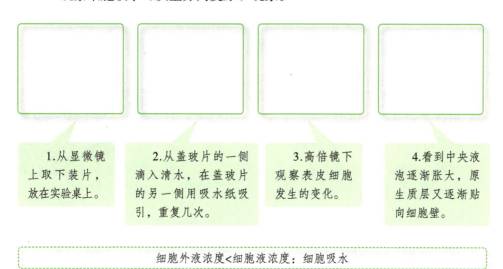

1.从显微镜上取下装片，放在实验桌上。

2.从盖玻片的一侧滴入清水，在盖玻片的另一侧用吸水纸吸引，重复几次。

3.高倍镜下观察表皮细胞发生的变化。

4.看到中央液泡逐渐胀大，原生质层又逐渐贴向细胞壁。

细胞外液浓度<细胞液浓度：细胞吸水

【活动四 探究洋葱的抑菌效果】科学食疗

资料：据悉，新鲜洋葱汁中的蒜素和二硫化合物可以让它们与微生物细胞壁上的某些具有巯基的氨基酸相互反应，阻止其形成相应的蛋白质，这一反应大大抑制了微生物的生长和繁殖。

活动设计：同学们在家可以尝试设计一个实验来验证新鲜洋葱汁的抑菌作用，从而掌握抑菌原理。

设计思路提示：

1.配置酵母菌培养基若干个，贴好标签，上面接种酵母菌。

2.提取新鲜洋葱汁：定量称取紫色洋葱，榨汁后用纱布过滤。

3.制作无菌水。（高温灭菌）

4.设计对照实验：用不同体积的无菌水来稀释洋葱汁，配成不同浓度的洋葱汁，然后用滴管分别吸取一滴洋葱汁，滴在酵母菌培养基上（无菌环境中进行），盖紧培养皿。放在温暖的环境中培养24小时后，观察结果。

进一步探究：复合液有时可以实现1+1>2的效果，可尝试用洋葱和其他的果蔬液（如蒜汁、姜汁）等组合，探索不同浓度梯度及组合，寻找有最佳抑菌效果的配方。

【拓展一 制作洋葱洗发液】科学护发

建议：夏天炎热，虽然几乎每天都会洗头发，但还是觉得头皮屑多，头皮非常痒，让人很是头疼。可以试试以下方法。

材料：洋葱1个，生姜适量。

做法介绍（参照）如下：

1. 清洗洋葱

2. 切碎洋葱

3. 清洗并切碎带皮的生姜

4. 把洋葱和生姜放进容器

5. 往容器中加入开水

6. 浸泡5分钟后的成品

5分钟后，再往里面加入温水，每周使用这个洗发液洗一到二次，坚持一个月，就能缓解头皮痒、有头皮屑的症状，效果非常好。

查询：为什么洋葱会有缓解头皮痒的功能？使用以上洗发液时要注意什么？哪些人群不适宜使用？

【拓展二　制作洋葱饮料】科学食疗

活动材料与用具： 榨汁机，番茄1个，洋葱少许，芹菜1根，小黄瓜1/4根，盐少许。

做法介绍：

1.番茄洗净去蒂去皮，切成小块。洋葱洗净切小块。小黄瓜洗净去皮切小块。芹菜洗净切小块。

2. 将上述原料投入榨汁机中榨汁，倒入杯中。

3.加柠檬汁少许和盐调味即可。

功效： 含丰富的维生素A及维生素C，可增强微血管的抵抗力，也可预防动脉硬化。

建议： 把整个制作过程拍摄成视频，与大家分享。

【拓展三　设计洋葱博物馆】科学设计

设计意图： 小小洋葱，玩转大建筑，尝试设计一间你理想中的洋葱博物馆。

提示：

建筑物仿洋葱设计

1.生命科学展区：洋葱结构探秘

2.国际视野展区：异国洋葱情缘

3.洋葱经济展区：种植储存扶贫

……

你的创意：

1. 展区内容以"洋葱色"为主基调 _____。

2. _____。

3. _____。

……

（案例作者：黎艳莲　广东省东莞市中堂中学）

案例 ⑥ 科学、社会与艺术的融合

——玩转胡萝卜

前 言

初冬是多吃胡萝卜的好时节，俗话说"冬吃萝卜，夏吃姜"。胡萝卜有"地下小人参"之称，它是我们餐桌上常见的一种蔬菜，深得大家的喜爱，尤其是有年幼孩子的家庭。很多同学对胡萝卜的了解只停留在吃的方面，其实它还大有用途呢，让我们买几根胡萝卜回来，一起"做"中"学"，一起来玩转胡萝卜吧！

【活动一 胡萝卜谜语大比拼】传统文化

谜语一

红公鸡，

绿尾巴，

身体钻到地底下，

又甜又脆营养大。

谜语二

红脸戴绿帽，

营养价值高，

土里发现它，

还需用力拔。

思考：你还能找到更多谜底是"胡萝卜"的谜语吗？建议借助工具书和网络。

【活动二 会"飞"的胡萝卜】科学探究

材料准备： 胡萝卜、一次性杯2个、水、食盐。

步骤：

1. 将胡萝卜切块，分别放进2杯清水中。

2. 往其中一杯清水中加入3勺盐。

3. 搅拌均匀，观察现象。

现象： 清水中的胡萝卜块下沉，盐水中的胡萝卜块上升。

原理： 胡萝卜的密度大于清水，所以会下沉；胡萝卜的密度小于盐水，所以会上升。

【活动三 失水的胡萝卜】科学探究

材料准备： 胡萝卜、一次性杯2个、水、食盐。

步骤： 选择两块大小、厚度相似的胡萝卜，一块放进清水中，一块放进盐水中，观察失水现象。

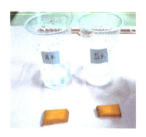

原理：盐水的浓度比胡萝卜细胞液浓度大，而液体的流动是由浓度小的流向浓度大的。这就是胡萝卜的失水，所以，胡萝卜在盐水中会变得非常软。

【活动四 纸硬，还是胡萝卜硬？】科学探究

材料准备：砧板、胡萝卜、白纸、菜刀。

步骤：用一张白纸包住菜刀，快速切一根胡萝卜，结果，胡萝卜断了，但纸却没有烂。

原理：纸随着刀刃切入胡萝卜，刀刃对纸纤维的压力，得到了胡萝卜的反压力，纸之所以不会切破，是因为胡萝卜比纸纤维软。

注意：要想实验成功，准备实验前，要擦干刀与胡萝卜表面的水分。在切的过程中，速度要快，不要来回切。

【活动五 胡萝卜馒头蒸前后的颜色变化】劳动技能

材料准备：一根胡萝卜，500克面粉，一包酵母菌，白糖。

步骤：

1.将胡萝卜用榨汁机打碎，加入面粉、适量酵母菌和少量白糖揉成面团。

2.将面团分成大小均匀的小面剂子，并将剂子揉成馒头的形状。

3.将馒头放到蒸屉上，水烧开，然后转蒸20分钟左右。

原理：胡萝卜富含胡萝卜素，胡萝卜素的化学性质不稳定，遇到高温会发生氧化反应。

拓展：学有余力的同学，可以尝试做南瓜馒头、紫薯馒头、菠菜馒头、火龙果馒头等，观察它们蒸后的颜色变化哦。

蒸前　　　　　　　　蒸后（变黄色）

注意：用温水浸泡酵母菌时，温度不要过高，免得抑制酵母菌的活性，最好在35℃左右。

【活动六 能保持平衡的胡萝卜，其两端的重量一定相等吗？】发现问题

实验材料：一根胡萝卜、两根牙签、绳子、电子秤、菜板、菜刀。

实验过程：

1.用绳子绑住胡萝卜，让其两端保持平衡。

2.将两根牙签插在平衡处，做记号。

3.在平衡处切开，称胡萝卜头与胡萝卜尾的重量，做比较。

实验结果：胡萝卜头较短，但比胡萝卜尾重。

实验原理：这里利用了杠杆的原理，$G_长 \times L_长 = G_短 \times L_短$；则$m_长 \times L_长 = m_短 \times L_短$。因为$L_长 > L_短$，所以$m_长 < m_短$，即胡萝卜头的重量>胡萝卜尾的重量，所以能保持平衡的胡萝卜，其两端的重量不一定相等。

【活动七　观察水培生长的胡萝卜】生命观念

实验过程：

1. 一个新鲜的胡萝卜头（留3厘米以上），一个盆子（最好是透明的，可以增加观赏的价值），少量清水。

2. 1~2天，它就会冒出新芽，5天左右就长成一棵小胡萝卜苗啦，是极好的小盆栽哦！

3. 每天记得要换一次水，还要避免被太阳直晒，免得滋生细菌，根容易腐烂。

【拓展一　做一艘胡萝卜"小船"】迁移思维

准备材料：2块大小相似、重量相等的胡萝卜，2根吸管，2个杯子。

步骤：一块胡萝卜直接放进清水中；另一块胡萝卜插上2根吸管，也放进清水中。

结果：有吸管的胡萝卜浮起来，没有吸管的胡萝卜下沉。

原理：胡萝卜体积较轻，且吸管中有气体，导致浮力增大，所以胡萝卜能浮在水面上。

【拓展二 胡萝卜烹制方法大比拼】调研能力

市场调研：通过网络调查了解胡萝卜不同的烹制做法，以及受欢迎的程度。

做法	味道	配料	价格	点餐率
胡萝卜排骨汤				
清炒胡萝卜				
胡萝卜炒莴笋				
胡萝卜肉饼				
胡萝卜汁				

后 记

拓展活动还有很多，如通过观察空心的胡萝卜。追问问题：胡萝卜为什么会空心？探究出是因为植物会进行呼吸作用，从而告诉我们：胡萝卜需要新鲜购买，新鲜吃，减少营养物质的消耗。还有胡萝卜古诗大比拼及创作、用卡纸制作胡萝卜、用胡萝卜做雕刻等，感悟中华民族特有的传统文化，品味生活，明晰事理，智慧生活……最后，希望大家通过这些跨学科活动的体验，提升学科横贯能力！

（案例作者：吴桂枝　广东省江门鹤山市桃源中学）

案例⑦ 药食两用 野菜马齿苋的翻身之作

——玩转马齿苋

前 言

　　同学们，还记得语文A版小学语文三年级下册第五课《马齿苋》吗？其中介绍了马齿苋作为一种野菜，既能当菜，又能治病。但是生活中许多人对马齿苋的了解仅停留在路边的野草上。本活动将带你在"做中学"，以生命科学的视角研究马齿苋的药食两用特性。

【活动一 简易食疗排毒方的制作与品尝】劳动技能

活动材料：马齿苋、酱油、蒜泥、白糖等。

活动要求：

1. 锅中水烧开，把新鲜的马齿苋放入锅中焯两分钟，捞出来过一下凉水，拌一点蒜泥和香油当凉菜吃。

2. 焯过的水加适量白糖当饮料喝。

注意：只能放白糖，不要放红糖。

提示：马齿苋一物两吃，凉拌吃能为人体补充营养物质，当饮料喝能缓解腹泻。这是因为马齿苋中的维生素C含量高于一般蔬菜，并且ω-3脂肪酸含量也高

凉拌马齿苋

于人和其他植物，能抑制人体对胆固酸的吸收，对防治心血管疾病很有利。并且马齿苋具有广谱抑菌功效，能促进肠道蠕动，把毒排出来，因此吃过后拉肚子的症状会暂时加重，不用担心。

加白糖是因为其具有清热解毒的作用，同时中医讲究"酸甘化阴"，酸味的马齿苋和甜味的白糖可以起到滋生体液的作用，可以缓解拉肚子造成的脱水症状。红糖是温性的，与治疗的方向背道而驰。

【活动二 比较马齿苋与蔬菜、水果维生素C含量的差异】科学探究

资料：马齿苋是一种含有丰富的维生素C的野菜，那么马齿苋和日常生活中的蔬菜、水果相比，其维生素C含量如何呢？实验依据维生素C可使紫红色高锰酸钾溶液褪色为黄色的原理，通过滴定实验测定马齿苋和蔬菜、水果中的维生素C含量。

实验材料：马齿苋、梨、莜麦菜、高锰酸钾、试管（杯子）、塑料滴管。

实践：按照以下科学探究步骤进行实验。

1. 榨汁：将马齿苋、莜麦菜、梨各取等量的材料，加等量的水（可参考100g样品加入100mL水），放入榨汁机粉碎后，用纱布过滤到杯子中，做好标记。

2. 高锰酸钾溶液：取三个试管（杯子），写上标签，各加入约1瓶盖的高锰酸钾溶液待用。

3. 滴定：用滴管往高锰酸钾溶液中滴入待测样品，边滴、边振荡、边观察，直到紫红色变成黄色，并且1min不褪色为止。记录滴定所用的各待测样品溶液的滴数。

4. 再重复以上的操作两次。

提示：实验材料要新鲜，维生素C不耐热和光，应尽快实验。

应用：除了维生素C外，通过查阅资料了解马齿苋还具有哪些食用价值。

【活动三　体验马齿苋的抑菌作用】科学探究

资料：乳酸菌可以使新鲜的牛奶发酵成为酸奶，马齿苋具有抗菌能力，可以抑制乳酸菌的生长。因此，通过对比经马齿苋处理和未经处理的乳酸菌发酵能力，就可以感知马齿苋的抑菌效果。

活动材料：市售酸奶、牛奶、马齿苋、塑料袋（保鲜膜）、橡皮圈、杯子等。

实践：按照以下科学探究步骤进行实验。

1. 将马齿苋用榨汁机打碎，榨取马齿苋汁备用。

2. 取两份酸奶（建议取三瓶盖的量）放入杯中，一份加入少量马齿苋汁，另一份加入等量凉白开，做好标记，各自充分混匀后，静置3小时。

3. 往以上处理过的两份酸奶混合物中各加入等量牛奶，将容器密封，置于较温暖的环境中过夜发酵。

4. 将发酵酸奶取出观察，对比发酵效果，可以闻到空白对照组有浓烈的乳酸菌发酵气味，而马齿苋组乳酸发酵气味较淡。

发散思考：马齿苋的抑菌作用具广谱性，请设计多个实验加以证明。

菌的种类	参照实验原形	对照实验设置	预期结果	备注
乳酸菌	酸奶制作	实验组：少量马齿苋汁 对照组：等量凉白开	实验组发酵 效果受影响	
酵母菌				
……				

【活动四　马齿苋的扦插】生产劳动

种植劳动：在自家阳台，用吃剩的马齿苋（根/茎部）种植。

1. 选苗：一般选用马齿苋茎段，采用茎干较硬的部分易成活，每段留3～5个节。

2. 扦插：选用可透水的花盆，深耕土壤（确保疏松且肥沃），扦插时需入土约3厘米，前后间距保持3厘米×5厘米，需保持湿度，一周左右成活。

拓展研究：马齿苋也可采用种子繁殖，查阅资料比较马齿苋扦插繁殖和种子繁殖的差别，尝试用证据说明为何市面上大多采用扦插的方式繁殖马齿苋（从经济学和生物学角度出发论证）。

提示：马齿苋繁殖快，对土壤等要求较低，易成片存在，威胁其他生物生存，种植时，一般不和其他植物套种。

【活动五 马齿苋的保鲜】科学决策

活动要求：选择自己喜欢的4种蔬菜保鲜方式进行多方位比较，帮助你做出选择。

蔬菜名称				
保鲜方法	阴凉通风处	冰箱低温保存	保鲜袋包装	蔬菜脱水机处理
保存时间	☆☆☆☆☆	☆☆☆☆☆	☆☆☆☆☆	☆☆☆☆☆
外观	☆☆☆☆☆	☆☆☆☆☆	☆☆☆☆☆	☆☆☆☆☆
口感	☆☆☆☆☆	☆☆☆☆☆	☆☆☆☆☆	☆☆☆☆☆
性价比	☆☆☆☆☆	☆☆☆☆☆	☆☆☆☆☆	☆☆☆☆☆

【活动六 马齿苋美容产品大调查】调查研究

市场调查：市面上存在多种含有马齿苋的美容养颜产品，请利用网络资料调查其成分等，通过调查完成下表。

产品名称	主要成分	主要功效	美容有效指数	性价比
马齿苋舒缓喷雾			☆☆☆☆☆	☆☆☆☆☆
……			☆☆☆☆☆	☆☆☆☆☆
……			☆☆☆☆☆	☆☆☆☆☆
……			☆☆☆☆☆	☆☆☆☆☆

拓展： 比较了市面上的马齿苋美容产品，你有没有获得一些关于制作美容产品的灵感？现在请发挥你的想象力和思考能力，开动脑筋尝试研发一个自己的美容品牌。

| 产品成分 | 主要功效 | 产品封面 | 品牌宣言 |

【拓展一 基于马齿苋抑菌功效的妙用——祛痘】联系生活

实践： 既然马齿苋可以抑菌，那可以将这一特性应用于生活——祛痘。将新鲜的马齿苋淘洗干净，捣烂，外敷（敷在脸上有痘痘的地方），可用纱布固定。约20分钟后，用清水洗脸即可。坚持使用几天痘痘就能消除！

应用： 了解马齿苋在治疗青春痘方面的功效，设计一个基于马齿苋抑菌效果的祛痘膏。

【拓展二 体验生活中的高效催化剂】科学思维

资料： 几乎所有的生物机体内都存在过氧化氢酶，其普遍存在于能呼吸的生物体内，主要存在于植物的叶绿体、线粒体、内质网中，马齿苋中也存在着过氧化氢酶（催化剂），能使过氧化氢快速分解，产生大量气泡。

材料： 过氧化氢溶液、马齿苋。

实践：

1.将马齿苋粉碎，加入少量水，过滤后取滤液。

2. 在两支试管（杯子）中加入等量过氧化氢后，往一支试管中加入少量马齿苋汁，另一支中加入等量清水，观察到加入马齿苋汁的试管中出现大量气泡，另一试管没有现象。

拓展：可同时比较马齿苋和其他植物（如莜麦菜）的催化效果，验证生活中的大多数生物体内存在催化剂的理论知识。

【拓展三 马齿苋——"天然抗生素"的由来】联系生活

故事：相传古代有一年的夏秋之际，北方农村久旱无雨，灾情严重，田间禾苗都枯焦而死。且疫痢流行，人们饥病交加，只有听天由命。少数壮年力强者勉强支撑，外出寻觅树皮野草充饥。说也奇怪，有一个人惊喜地发现，田埂路边有一种野草还茂盛地长着。观其全草，光滑无毛，肉质肥厚，他心想：这草一定可以充饥。于是他将草连根拔出，采集了一大堆，带回家给全家充饥。吃完后，他再去寻觅。吃了几天后，大家居然觉得精神顿起。特别怪的是，他们所患的"拉肚子病"（细菌性痢疾），也逐渐好了。这个好消息不胫而走，于是村里的人们都去田野寻觅这种野草吃，病都好了。

感悟：人在绝境中总要大胆试一试，加上细心的观察，就会有新的转机！

【拓展四 药食同源探秘与初步应用】社会责任

资料："药食同源"是说中药与食物同时起源，许多食物即药物。2018年，卫健委公布了101种既是食品又是中药材的物质名单。请完成以下任务：

1. 上网找找哪些中药可以当食物，其中哪一些你认识？

2. 尝试以马齿苋为原料，制作一道食疗菜肴。

3. 寻找一种简单有效的食疗方，帮助调理亲人朋友的身体。

4. 如何理解中医传统文化的"药食同源"与"治未病"？

（案例作者：陈小莹　广东省东莞市谢岗中学）

案例⑧ 观察吐水现象 解剖寻找证据 模拟探究奥秘

——玩转藕尖

前言

藕尖，也叫"藕带"，近年来，因其口感脆嫩而受人喜爱。初夏时分，一盘酸酸辣辣的藕尖不禁让人胃口大开。准备食材时，通常要先将其切成小段，再用白醋腌制一段时间。在掐尖的时候，我们意外发现：每掐一根，其末端竟会吐出水来！

【活动一 观察藕尖】科学观察

活动要求：

外形观察： 总体呈长圆柱形，前端稍尖，末端可见多个贯穿其内的孔洞。

由有关植物茎的知识可知，尖端为芽。藕带为着生于水底淤泥中的地下茎，孔洞为提供空气的通气孔。

思考： 水是藏在芽尖还是通气孔内？

【活动二 寻找吐水的秘密】科学探究

探究要求：

尝试： 从不同部位掐断藕尖，看是否同样有水流出，由此找到藏水的部位。

发现： 水不只藏在尖端。

思考： 水为什么可以藏在管内而不流出？

进一步探究： 尝试掐断去掉藕尖的藕带，看是否同样有水流出。

将有藕尖的藕带顶端掐断，有较多水流出　　将有藕尖的藕带中段掐断，有少量水流出

发现： 哪一部位是藕尖吐水的关键？

猜测： 藕尖的密封性好，因此受气压影响，水不易流出。

将有藕尖的藕带中段掐断，有少量水流出　　将无藕尖的藕带中段掐断，无水流出

【活动三　解剖寻找证据】科学思维

任务：解剖藕尖的尖端，即芽的部分。观察芽端处是否是完全封闭的组织？

【活动四　模拟探究吐水的秘密】模拟实验

活动要求：如果还没理解末端封闭与气压的关系，可以用吸管和墨水来做个模拟实验。

小心地将墨水吸至吸管的大半高度，然后迅速地用手指压紧吸管的顶端。你会发现，墨水会停在了吸管内。松开手后，墨水即流出。

用指尖压紧吸管顶端　　　松开手指，墨水流出

模拟实验结果分析：在水中生活的藕带，通气孔内多少会有点水。因藕尖一端封闭，水若向下流出，则管内空气气压会减小。因此，外界气压大于管内气压，使水柱无法下降。当尖端能透气后，上下气压相等，水柱则因重力而自然流出。

【活动五 藕尖美味菜肴的制作】居家劳动

活动要求：在家长的陪同下，用实验后的藕尖来制作一道菜肴，制作方法可求助家长或网络。

【拓展一 藕尖知多少】拓宽视野

研究性学习任务：通过网络自主学习，了解更多藕尖和藕的知识。

提示：藕尖，又叫藕带，是连接藕节和嫩荷叶的茎。通俗地讲，可以理解为莲藕的嫩芽，与莲藕是同源器官，在适宜条件下会慢慢生长、膨大，长到一定程度后就变成了莲藕。

【拓展二 对比观察七孔藕与九孔藕】比较思维

实践任务：去市场购买七孔藕和九孔藕，观察其表面的颜色有什么不同，并在厨房制作成菜肴，比较其口感等不同。

七孔藕　　　　九孔藕

后记

生活中有很多有意思的生物学现象，背后总隐藏着一些秘密。这一案例引导大家先观察藕尖吐水现象，再解剖寻找证据，并进一步模拟探究奥秘……期待同学们形成严谨的科学思维，在求实之路上且行且严谨！

（案例作者：徐佳　广东省东莞市东莞中学初中部）

案例 ⑨ 玩转香芋头 生活有盼头

——玩转芋头

前言

芋头是一种重要的蔬菜兼粮食作物，营养和药用价值高，是老少皆宜的营养品，而且芋头的淀粉颗粒小至马铃薯淀粉的1/10，其消化率可达98%以上，尤其适于婴儿和病人食用，因而有"皇帝供品"的美称。除富含淀粉外，芋头还可以用于制醋、酿酒、分离蛋白质、提取生物碱等。农村有谚语"八月初一，芋头生日"。让我们一起玩转香芋头，生活有盼头！

【活动一 寻找芋头并观察芋头】观察发现

尝试在校园或者小区等地找到芋头。
芋头的生长环境是怎么样的？整体观察芋头包括哪些器官。

芋头植株

叶片
叶柄（不是茎）
根
茎
芋头的根、茎、叶

芋头的球茎

在市场寻找芋头，看看有哪些不同的品种。能否找到红芋、白芋、槟榔芋、龙洞旱芋等？下图中分别是哪种芋头？

【活动二 鉴定芋头的淀粉】科学探究

实验原理：淀粉遇碘液变蓝的特性。

实验器材：芋头、碘液、解剖刀等。

知识链接：芋头中淀粉含量丰富，占9.6% ~ 73.7%，但由于其淀粉颗粒细小、表面被黏多糖包围等性质导致提取困难。提取芋头淀粉的方法主要有水提、碱提和酶辅助提取等。芋头中的淀粉经过物理、化学或酶法处理改性，被广泛应用于食品、造纸和纺织工业领域。

| 芋头切片 | 在芋头片上滴2~3滴碘液 | 芋头片变蓝 |

思考：二氧化碳能合成淀粉吗？重大突破：以二氧化碳为原料，不依赖植物光合作用，直接人工合成淀粉——看似科幻的一幕，真实地发生在实验室里。我国科学家首次实现了二氧化碳到淀粉的从头合成，相关成果于2021年9月24日由国际知名学术期刊《科学》在线发表。

【活动三　探究芋头的叶子】科学探究

芋头叶子上的水珠是怎么形成的？可以在数码显微镜下观察芋头叶子的结构。

芋头叶背面有很多气孔　　　　　　芋头叶子的正面有很多白色亮点

数码显微镜下，观察到芋头叶子的表皮层和角质层，叶肉细胞。

撕取芋头叶子时其会流出汁液，请留意观察。

 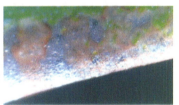

观察芋头叶子的表皮层细胞

【活动四　制作芋头的美食】劳动实践

在中秋节前后，是芋头丰收的时节，芋头成了香饽饽，把它做成芋头糕特别受欢迎。

腊肠芋头糕　　　　　　　　芋头糕

芋荷梗（晒干）

芋荷梗是一种绿色蔬菜，是芋头的嫩茎。人们收集芋荷梗后，清洗并切成碎片，可以油炸或腌制。它能使人体吸收丰富的营养，使人品尝到独特的味道，可以清热解毒，缓解便秘，改善肠胃消化。

请和家人一起制作有关芋头的美食。注意：芋头一定要熟食，生食有微毒。由于芋头的黏液中含有皂苷，能刺激皮肤发痒，因此生剥芋头皮时须小心。例如，可以用醋冲洗手止痒。

【拓展活动】拓展提升

查阅：芋头是天然胰岛素吗？它对调节血糖究竟有什么好处？

芋头并不是天然的胰岛素，食用芋头一样会升高血糖，但是因为芋头中含有丰富的纤维素和微量元素，因此对糖尿病人来说有利便、解毒、散结等功效，能够提高机体免疫力。但芋头中的主要成分是淀粉，要限量食用。

领悟：芋头精神——实在、质朴。

芋头不开花，但只要那肥厚硕大的叶子始终向你微笑，到了季节挖出来就是芋头。只要种下希望，洒下汗水，就一定有丰硕的收获，何必管它开不开花？芋头实在，实在得没有一点虚空；芋头质朴，质朴得就像浇灌它们成长的庄稼人。

（案例作者：李影文　广东肇庆中学）

第二章

玩转水果

案例① 柿柿如意凌霜侯

——玩转柿子

前言

柿是柿科、柿属落叶乔木。因"柿"和"事"同音，所以柿子寓意事事如意、心想事成。古往今来，亦有无数文人骚客甚至是一代君王，都对柿子情有独钟。比如朱元璋和刘秀，一个封柿子为"凌霜侯"，一个金口一开"柿树万万年"，赐予了柿树长寿。北宋诗人仲殊赞美柿子："味过华林芳蒂，色兼阳井沈朱，轻匀绛蜡里团酥，不比人间甘露。"今天，我们一起来居家学习寓意美好吉祥的柿子。

【活动一 古诗词中的柿子】文学素养

活动要求：

①搜集与柿子相关的古诗词。②朗读古诗词，并尝试背诵。

晓连星影出，晚带日光悬。本因遗采掇，翻自保天年。

——刘禹锡《咏红柿子》

墙头累累柿子黄，人家秋获争登场。长碓捣珠照地光，大甑炊玉连村香。

——陆游《秋获歌》

严霜八九月，百草不复荣。唯君粲丹实，独挂秋空明。

寄语看园翁，勿使堕秋风。愿比樱桃春，置之大明宫。

——张九成《见柿树有感》

悬霜照采，凌冬挺润，甘清玉露，味重金液。虽复安邑秋献，灵关晚实，无以讵此嘉名，方兹擅美。

——司马昱《谢东宫赐柿启》

清霜染柿叶，荒园有佳趣。留连伴岁晚，莫作流红去。

——范成大《霜后纪园中草木十二绝·其九》

柿叶铺庭红颗秋，熏炉沈水度衣篝。

——黄庭坚《睡起》

【活动二 观察柿子】科学观察

观察顺序：

1. 观察柿子花的结构。

2. 观察柿子的外部形态结构。

3. 横剖柿子果实，观察果肉及种子。

思考：

1. 根据观察，你发现柿子花属于单性花还是两性花？推测其传粉方式与传粉媒介。

2. 柿子果实中可食用的部分是它的哪一结构？它是由柿子花的哪部分发育而来的？

进一步探索： 尝试分析柿子果实有的有种子、有的无种子的原因。

【活动三 柿子的价值】调查研究

查阅资料： 柿树全身都是宝，请通过查阅资料完成下表。

部位	鲜果	柿叶	柿饼	柿蒂	柿霜	柿根
营养价值	☆☆☆☆☆	☆☆☆☆☆	☆☆☆☆☆	☆☆☆☆☆	☆☆☆☆☆	☆☆☆☆☆
药用价值	☆☆☆☆☆	☆☆☆☆☆	☆☆☆☆☆	☆☆☆☆☆	☆☆☆☆☆	☆☆☆☆☆
保健价值	☆☆☆☆☆	☆☆☆☆☆	☆☆☆☆☆	☆☆☆☆☆	☆☆☆☆☆	☆☆☆☆☆

【活动四 柿子脱涩】劳动实践

背景知识：造成柿子有涩味的"罪魁祸首"叫鞣酸（又称单宁），脱涩的原理就是将鞣酸由可溶性转化为不可溶性状态。

活动要求：选择自己喜欢的一种方式，为新鲜的柿子脱涩。

脱涩方法：

1. 温水脱涩：将柿子放入洁净缸内或坛内，倒入40℃温水封存并保持恒温，1～2天即可脱涩。

2. 鲜果脱涩：将柿子装入塑料袋中，再放入几个苹果或其他已经成熟且完好的水果，3～5天后，便可软化脱涩。

3. 酒精脱涩：将柿子放入容器中，用酒精或酒喷洒表面，密封3～5天，即可脱涩。

【活动五 制作柿饼】劳动实践

活动要求：利用柿子鲜果制作美味的柿饼，体验劳动人民的辛苦，珍惜劳动成果。

方法步骤：

1. 选择优良柿子。选择肉质坚硬、果形端正、已经成熟的柿子。

2. 去皮。将柿子外表的那层皮削掉。

3. 自然风干上霜。将削皮的柿子放在阳光充足的地方，保持通风，等表皮干枯后将柿子轻轻挤压成饼状。将挤压过的柿子再次晒制，达到效果的标准是柿饼上霜，风干会持续48天左右。

4. 密封保存。将晒好的柿饼叠放好放入缸中，或者用盒子装好，放置阴凉处等待第二次的上霜。

思考：柿饼的制作利用的是哪种食品保存方法？

【活动六 制作柿漆（选做）】劳动技能

活动要求： 在家长的陪同下，捡拾掉落的青色柿子幼果，利用家中的材料器具，制作柿漆。

方法步骤：

1. 原料选择：选择含单宁成分最多的品种，一般在7月上中旬至8月上旬选择未成熟生硬的青柿子。

2. 榨汁：注意不能使用铁、铜、铝制器具。

3. 发酵：榨取的汁液储存在大缸或木桶内密封，使其自然发酵10～11个月。

4. 成品：性状为淡褐色、透明的汁液。

【活动七 制作柿叶茶（选做）】劳动实践

1. 适时采叶：采集柿叶时间以夏秋为宜，此时果实基本定型，而且柿叶厚大，营养成分丰富，药用效果最好。

2. 冲洗去脉：采集的柿叶先用清水洗净沥干，再去掉叶梗，抽掉粗硬的叶脉。

3. 适度杀青：将柿叶放在竹筐内，置于100℃开水锅中浸2～3分钟取出，立即摊开冷却。杀青可固定原料的新鲜度，保持颜色鲜艳，同时破坏组织中的氧化酶，防止柿叶中维生素C和其他成分的氧化分解。

4. 切丝揉捻：将晾凉的柿叶用刀横切成细丝，堆放在光滑的木板上，用手轻揉3～5分钟，然后平摊在竹帘上，置通风处晾干或烘房烘干。晾干过程中，切忌阳光直射、雨水浸湿，并勤检查翻动，防止发霉。

5. 保存方法：将充分干燥的柿叶茶用塑料包装袋密封包装，或装入其他密封的容器内，藏于低温、阴凉、干燥的地方。饮用时，1克柿叶茶加开水350毫升。

【拓展一 本土柿文化】传统文化

1. 中华民族的善良和对生命的敬畏：在中华大地上，采摘柿子后，柿子树上往往都会留下不少柿子，这是千百年来老祖宗留下的规矩——柿子留给度冬的鸟雀！只要有柿子树就有不摘的柿子，这就是中国传统文化中的善良和对生命的敬畏，也是人们与大自然相生与共的生存美德。

2. 人们对美好生活的向往和祈福：柿子与中国传统文化的喜庆密切相连，在齐鲁大地，旧时婚礼上或过年时，柿子是必备的吉祥果之一，乡人把一对柿子称为"事事如意""世世安康"；把四个、五个柿子放在一起，称作"四世同堂""五世同堂"；还把柿子与苹果放在一起，寓意为"世世平安""事事平安"，这是淳朴善良的乡亲们祈福祈愿的一种美好形式。

中国柿子文化的含义：做人要勤劳、善良、包容，对生命要敬畏；用阳光的心态面对生活，对生活充满期盼和向往。

【拓展二 食用柿子的禁忌】健康生活

柿子虽然好吃，但其中的鞣酸能够与胃酸、蛋白质、铁等物质结合，形成块状不易消化的柿石，可能引起消化不良，因此：

1. 空腹不能吃柿子。

2. 尽量不要吃柿子皮。

3. 糖尿病人勿食。

4. 贫血患者少吃。

5. 柿子不能和螃蟹、海带等同食。

6. 胃部寒凉、患有慢性胃炎者不宜多吃柿子。

生活小妙招：若空腹食用柿子而产生少量柿石，可通过饮用碳酸饮料缓解胃部不适。

请同学们查阅资料，或者通过模拟实验，探究碳酸饮料溶解柿石的原理及过程。

【拓展三 欣赏柿子国画与柿子工艺品】艺术素养

1. 柿子是齐白石最常画的题材之一，齐白石好画方柿，一种呈青灰色的方形柿子，还总要题上"世世平安"一类的吉祥句，借画寓意，借物送福，寓意"世世祥和"。齐白石更曾自喻为"柿园先生"。

请同学们上网收集齐白石笔下的柿子，并尝试临摹。

2. 柿子工艺品主要取意柿子的美好寓意——"事事如意""好事连连""事事平安"等，请同学们欣赏柿子工艺品的同时，关注中国传统文化。

后 记

拓展活动还有很多，如"小柿子 大产业"——看柿子及其产业链是如何带动乡亲们发家致富的；尝试将"君迁子"（黑枣）的某个枝条嫁接为柿子，体验柿子的无性生殖；采访农家80岁以上的老人，在革命战争年代，柿子是如何帮他们度过饥寒交迫的寒冬的，感悟幸福生活的来之不易，珍惜当下……最后，希望大家通过这些跨学科活动的体验，养成积极乐观的生活态度，柿柿（事事）如意安康！

（案例作者：沈照连 山东省枣庄市第十五中学）

案例② 水果明珠

——玩转葡萄

前言

葡萄是一种古老树种，人类对它的栽培历史非常悠久。葡萄现在被全世界多国广泛种植，品种多达百种以上。它营养价值很高，富含维生素以及磷、钙、铁等多种矿物质，还含有大量果胶、花青素和有机酸，对于食欲不振、消化不良的人有很好的促进消化的作用。葡萄由于有极高的营养价值而被美誉为"水果明珠"。

【活动一 观察葡萄的六大器官】科学观察

活动要求：观察葡萄的形态特征，判断其属于单子叶植物还是双子叶植物。

叶：网状叶脉

茎：攀缘茎

卷须

根：主根系

果实与种子

双性花　　雌能花　　雄能花

花的类型

【活动二　调查常见葡萄品种的甜度差异】调查研究

活动要求：调查当地市场的葡萄品种的含糖量差异。

样本	品种	含糖量1	含糖量2	含糖量3	平均值
1					
2					
3					

（借助简便测糖仪测量含糖量，也可改做价格差异调查）

思考：测量含糖量时为什么要多次测量并求平均值?

【活动三　尝试制作葡萄酒】生活实践

1. 所需材料：葡萄5斤，白砂糖，密封罐。

2. 方法步骤：

（1）清洗葡萄。

（2）去核，挤烂果肉。

（3）装到消毒的密封罐内发酵10天。

（4）加适量白砂糖发酵10天。

（5）过滤果皮等残渣发酵30天。

【活动四 利用葡萄进行科学小实验】科学探究

1. 会跳舞的葡萄

所需材料：雪碧、葡萄、透明塑料瓶。

实验步骤：

（1）将新开封的雪碧倒进透明的塑料瓶里。

（2）将葡萄依次放入装有雪碧的塑料瓶里。

（3）观察现象，可观察到葡萄在雪碧中浮浮沉沉。

思考： 葡萄为什么会跳舞？

2. 有磁性的葡萄

所需材料：葡萄、细绳、吸管、磁铁。

实验步骤：

（1）将两颗大小一致的葡萄分别插入吸管两端。

（2）将细绳绑在吸管的中心点。

（3）把细绳的另一端悬空固定在椅子扶手上。

（4）待细绳下的吸管和葡萄静止后，用磁铁靠近其中一颗葡萄，观察现象。

注意事项： 两颗葡萄大小一致，把绳子绑在椅子上，尽量排除外力的影响，磁铁体积越大现象越明显。

【拓展一　葡萄与美食】生活实践

1. 制作家庭版多肉葡萄

所需材料：葡萄20粒、白砂糖、茶叶、珍珠粉圆等。

方法步骤：

（1）用葡萄皮和白砂糖加少量水熬成红糖浆。

（2）将茶叶加200毫升开水泡10分钟后过滤放凉。

（3）把葡萄果肉、茶水、红糖浆和冰块一起放到冰沙机打匀。

2. 葡萄果冻

所需材料：葡萄、白砂糖、冰粉粉等。

方法步骤：

（1）用葡萄皮和白砂糖加少量水熬成红糖浆。

（2）用40克冰粉、红糖浆和500毫升水煮开。

（3）把煮好的冰粉液体搅拌均匀，趁热分装到玻璃瓶中，加入几粒葡萄果肉，待凝固后再加入少量葡萄果肉。冰箱冷藏再食用口味更佳哦。

3. 紫色馒头

所需材料：葡萄、白砂糖、面粉、酵母粉、食用油等。

方法步骤：

（1）用葡萄皮和白砂糖加少量水熬成红糖浆。

（2）500克面粉和5克酵母粉加入红糖浆后，再加适量水搅拌至条絮状。

（3）加少量食用油揉成面团，多揉搓馒头口感更好，切块待用。

（4）将切好的馒头面团置于30～40℃环境中发酵至两倍体积大小。

（5）水开后馒头上锅蒸15分钟。

【拓展二 十大葡萄品种的比较】文献调查

1. 阳光玫瑰葡萄：葡萄界的新宠，果肉鲜脆多汁，有玫瑰香味，鲜食品质极优。

2. 巨峰葡萄：我国种植面积最广泛的葡萄品种，果穗完整，无病斑、无病果，种植经济效益高。

3. 金手指葡萄：号称最甜葡萄，2007年9月10日，以26.8度的含糖量成功挑战葡萄甜度吉尼斯纪录。

4. 夏黑葡萄：夏黑葡萄长势类似巨峰葡萄。夏黑葡萄皮厚，耐储存。果实成熟后，可挂果60天以上。

5. 美人指葡萄：别名西施葡萄，当属最美葡萄，果粒恰如染了红指甲油的美人手指。

6. 牛奶葡萄：又名沙营葡萄、白牛奶、白葡萄、玛瑙葡萄、马奶子等，该品种属晚熟优良鲜食品种。

7. 玫瑰香葡萄：一种著名酿酒葡萄，国内知名葡萄酒厂用的主要原料都是该品种葡萄。

8. 无核白葡萄：制干品质优良，果实出干率20%～30%，为我国新疆地区鲜食、制干主栽品种。

9. 红提葡萄：别名"红地球"葡萄，果穗大，长圆锥形，平均穗重650克，最大穗重可达2500克。

10. 金藤葡萄：号称果实最大的葡萄，又称乒乓球葡萄，最大果粒重40克，真正比乒乓球还大。

| 阳光玫瑰葡萄 | 巨峰葡萄 | 金手指葡萄 | 夏黑葡萄 | 美人指葡萄 |
| 牛奶葡萄 | 玫瑰香葡萄 | 无核白葡萄 | 红提葡萄 | 金藤葡萄 |

【拓展三 小葡萄，大产业】乡村振兴

活动主题：

通过走访葡萄种植基地、葡萄酒厂等与葡萄相关的产业基地，思考讨论以

下问题：

　　1.葡萄可以生产出哪些衍生品？

　　2.如何构建葡萄产业链？

　　3.小葡萄如何做成大产业？

（案例作者：林蓉　广东省湛江市第二十八中学）

案例③ 瓜风夏语，瓜分幸福

——玩转西瓜

前 言

　　鲁迅先生笔下的人物总是那么鲜活、深入人心，比如只要提到闰土，我们脑海中就会浮现闰土月下刺猹的画面，但今天的主角不是闰土也不是猹，而是把闰土和猹联系起来的、那碧绿的西瓜。猹可是冒着生命危险去吃瓜，可见吃瓜的诱惑真的难以抗拒！

　　夏天与西瓜是标配，因为瓜风夏语，一起瓜分幸福，真是快乐无比呀！今天的居家学习是吃瓜人，吃瓜魂，夏天的快乐就是这么简单！

【致敬"瓜奶奶"吴明珠】社会责任

　　吴明珠，中国工程院院士，瓜类育种专家，在50多年的研究中，她培育出28种经国家审定的优质瓜种。她总挂在嘴边的话是："我的人生就是想结几个瓜，把瓜的甘甜献给人民。"

　　吃水不忘挖井人，吃瓜不忘育瓜人。原来瓜果那么甜，是因为有人帮我们吃了苦。中国能成为世界上最大的西瓜生产国和消费国，吴明珠院士功不可没，她扎根新疆，报效祖国，让中国成为甜瓜次生起源中心之一、名副其实的甜瓜强国，让新疆瓜走向了世界！

【活动一 调查西瓜品种】调查研究

西瓜有"盛夏之王"的美誉，据说，西瓜是五代时由西域传入中国的，故名西瓜。

活动任务： 设计调查表，依据一定的归类方法，以家为中心，调查附近果蔬市场、超市的西瓜品种，记录其名称、形状、大小、色泽、果皮纹路、瓜瓤颜色、单价等，同时要拍照存图。

可以查阅资料，了解不同品种西瓜的含水量、种子的颜色和形态、果皮厚度、果实发育时间、上市时间、甜度、耐运输性的强弱、储藏条件等，有条件的可以购买西瓜后自行检测不同品种的含糖量。

售瓜地点	品种名称	形状	色泽	纹路	瓜瓤颜色	上市时间	单价

初中生物知识回顾： 调查是科学探究常用的方法之一。调查时首先要明确调查目的和调查对象，并制定合理的调查方案。调查过程中要如实记录，对调查结果要进行整理和分析，有时还要用数学方法进行统计。

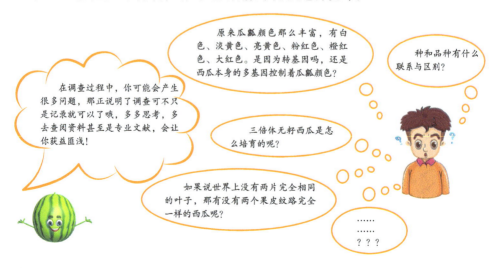

在调查过程中，你可能会产生很多问题，那正说明了调查可不只是记录就可以了的哦，多多思考，多去查阅资料甚至是专业文献，会让你获益匪浅！

原来瓜瓤颜色那么丰富，有白色、淡黄色、亮黄色、粉红色、橙红色、大红色。是因为转基因吗，还是西瓜本身的多基因控制着瓜瓤颜色？

种和品种有什么联系与区别？

三倍体无籽西瓜是怎么培育的呢？

如果说世界上没有两片完全相同的叶子，那有没有两个果皮纹路完全一样的西瓜呢？

……
……
？？？

【活动二 辨识西瓜的生物学结构】拓宽视野

我懂这个知识点，西瓜是果实，果实是子房发育来的，子房壁发育为果皮，我们吃的西瓜果肉在生物学上的专业术语应该叫果皮，嘻嘻!

说对了……一半，更准确的说法是：果实单纯由子房发育来的叫真果；由子房和花的其他部分共同发育来的叫假果。

西瓜果肉正是由子房和萼筒①共同发育而成的，属于假果，西瓜的食用部分西瓜瓤是胎座②和内果皮!

而且西瓜中心那一口不仅没瓜子，还是最甜的哦，因为营养主要从瓜蒂输入，再从胎座里的输导组织将糖分运到西瓜的其他部位。

注释：①植物的花托中央部分向下凹陷并与花被、花丝的下部愈合形成盘状、杯状或壶状的结构，称为被丝托或托杯、萼筒。

②胚珠在子房室内的着生处称为胎座，着生方式为胎座式，西瓜为侧膜胎座式。

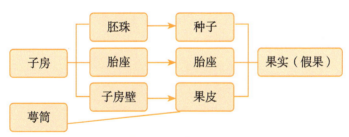

西瓜果实的发育过程

67

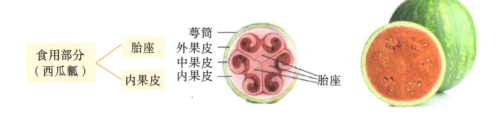

【活动三 听音识瓜，学以致用】实践应用

在网络上以及人们的口耳相传中，有很多挑熟西瓜的技巧，比如要瓜皮光滑的、纹路清晰的、整体匀称的、瓜蒂和瓜脐内凹的等。但是这些方法是否都有科学依据呢？是否适合所有的西瓜品种呢？其他方法是不确定的，但是敲瓜听音辨生熟确实有科学家做过实验，这是最靠谱却也是最难掌握的一个技巧。

活动任务：学习"听音识瓜"方法，配合挑瓜三准则去买瓜，这个盛夏，你家的买瓜任务就由你承包啦！

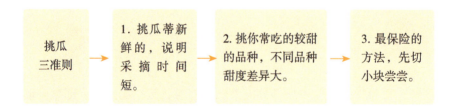

"听音识瓜"方法：

未熟瓜"嘭嘭嘭"，水分多，皮、瓤硬，声音脆，音调高。

适熟瓜"通通通"，瓜瓤内部的纤维素逐渐降解，瓜瓤由脆变"沙"，被敲击时音调下降。

过熟瓜"噗噗噗"，纤维素被降解，组织疏松，声音闷，音调低沉。

【活动四 制作西瓜菜谱】居家劳动

作为夏天的消暑神器，西瓜最简便的吃法当然就是直接吃啦，或者冰镇西瓜。只要想一想，好像都能驱走夏天的闷热，冰凉甜爽的感觉真美妙！

但是生活要有仪式感，活动的任务是搜罗各种以西瓜为原料的美食，制作一份西瓜菜谱，这个夏天，偶尔为自己和家人做一做"西瓜风"系列美食，瓜风夏语，快乐无比呀！

小知识：冰过的西瓜吃起来更甜是因为西瓜中的糖以果糖为主，果糖的甜度与温度有关。40℃以下时，温度越低，果糖甜度越高，最高可达蔗糖的1.73倍。

制作菜谱的注意事项：

封面设计、主食材（瓜皮、瓜瓤、瓜子）、调味料、做法、厨房工具是否要图文并茂？是否要分类设计，比如有饮品、甜品、小吃、家常菜、粥饭类？是否要增加饮食禁忌？……

【活动五 为瓜赋诗作词】传统文化

吃西瓜不是现代人的专利，古人也爱极了它，而且吃着吃着，兴致一来，便赋诗作词，希望热爱文学的你也可以尝试着为心爱的西瓜赋诗一首！而且，自西瓜传入我国后，经过长期的种植，农民在生产劳动中总结出了不少农谚，反馈于指导西瓜种植，生动形象、朗朗上口且富含智慧。例如，"沙地西瓜，甜似蜜""瓜地铺沙，瓜大如筐""生地种瓜，熟地养花"等。有兴趣的同学可以收集与西瓜相关的农谚，学习其智慧哦！

（案例作者：郭玉枝 广东省茂名市化州市笪桥中学）

案例④ 圆圆满满 "柚"滋有味

——玩转柚子

前言

柚花香来飘千里，柚果甜蜜万家寻。柚子因价格便宜、味道清香酸甜、营养价值高，而备受消费者的喜爱。柚子外形似扁球状，寓意圆圆满满，又与"佑子"谐音，寓意保佑子孙，是民间拜神常用的果品之一。让我们一起来玩转柚子。

【活动一 认识柚子花】科学观察

活动要求：

1. 观察柚子花的形态结构，判断其是单性花还是双性花。

2. 根据雄蕊和雌蕊的特点，分析其人工授粉的优势。

3. 分析人工疏花对生产的意义。

【活动二 探究柚子的生殖方式】科学探究

1. 尝试进行枝条扦插

活动要求：

（1）正确剪取枝条，至少保留2个节，上方切口水平，下方切口斜面。

（2）探究有利于枝条生根的生根粉浓度。

（3）比较直接土培与水培生根后土培，哪种方式更有利于扦插成活。

2.尝试进行枝条嫁接

活动要求：

（1）正确处理砧木枝条和接穗枝条的接口，确保形成层紧密结合。

（2）分析用保鲜膜包裹的用处。

3.探究种子的萌发

活动要求：

（1）设置对照实验：种子带种皮播种、种子去种皮播种，播种后用保鲜膜覆盖、播种后不用保鲜膜覆盖。

（2）记录各种处理方式下种子的萌发时间和萌发率。

处理方式	种子带种皮	种子去种皮	种子带种皮+保鲜膜覆盖	种子去种皮+保鲜膜覆盖	种子带种皮+无保鲜膜覆盖	种子去种皮+无保鲜膜覆盖
萌发时间						
萌发率						

【活动三　比较蜜柚和沙田柚的果实】比较分析

活动要求：比较蜜柚和沙田柚的上市时间、外观、内瓤和口感。

种类	上市时间	外观	内瓤	口感
蜜柚				
沙田柚				

【活动四 柚子果实的保存】科学探究

活动要求：寻找柚子果实的最佳保存方式。

保存方法	阴凉通风处	冰箱	保鲜袋包裹	保鲜袋包裹+冰箱
保存时间				
外观				
口感				

【活动五 制作柚子茶】生活实践

1. 制作柚子花茶

采摘新鲜柚花（疏花期变废为宝）→筛选、清洗、晾干→将干花与茶叶混合→装罐保存

2. 制作柚子茶

（1）在柚子头部切出一个圆形盖子，把果肉掏空。

（2）将茶叶填入柚子空洞中，填满压实。

（3）用针线将柚子缝起来，增强密封性。

（4）用铁丝将柚子绑起来，拧紧，挂起风干；风干过程中，柚子体积缩小，铁丝也要随之调整、拧紧。

【活动六 制作柚子菜肴】居家劳动

1.拔丝柚子

（1）剥出柚子肉，切成小块，裹上淀粉浆，炸至定型，捞出控油。

（2）锅中加少许油、适量清水和糖，小火熬化，把炸好的柚子肉放进去翻炒均匀，装盘。

2.柚子炒饭

（1）准备材料：米饭、鸡蛋、虾仁、红萝卜、玉米、番茄、葱花、柚子肉。

（2）将食材切丁，下锅翻炒熟，调味，最后撒入柚子肉和葱花。

（建议材料用红心蜜柚，口感和色泽更佳。）

3.酿柚子囊

（1）削去柚子皮，留下白色的囊，将囊切成三角形，中间挖洞。

（2）将囊放入水中煮至透明，捞出，挤干水分，以去除苦味。

（3）将调好味的肉末酿入柚子囊中。

（4）淀粉裹囊，下锅炸熟，装盘。（可调勾芡汁淋在上面，也可蘸酱料吃。）

 +  =

【拓展一 柚子与传统习俗】传统习俗

中秋吃柚子：

在我国很多地区都有中秋吃柚子的习俗。柚子形状圆润，象征着团团圆圆；柚子又与"游子、佑子"谐音，表达了父母对子女的挂念之情，希望保佑孩子平平安安。

柚子叶驱邪：

客家人有除夕夜用柚子叶、香茅草、橘子叶等混合在一起煮水洗澡的传统，寓意去掉一年的霉运，希望来年健健康康、好运相伴。此外，民间流传，将柚子叶用红绳绑好挂门上，有祈福、转运、驱邪、避秽的作用。

【拓展二 柚子与药用】健康养生

柚子药食同源，除了作为水果食用外，还具有一定的药用价值。中医认为，柚子肉性寒、皮性温，两者都有理气化痰、止咳平喘之功效，能较好地缓解慢性咳嗽、老年气喘等症状。现代医药学研究发现，柚子含有丰富的维生素和柚皮苷，可降低血液黏稠度，有降血脂等功效；柚子中含有类似胰岛素的成分，能够降低血糖，是糖尿病患者的理想水果；柚子中丰富的膳食纤维，能够促进肠道蠕动，对于积食、胃胀、便秘等症状也有缓解作用。此外，柚子富含维生素C、维生素B族、矿物质、挥发油等，能促进伤口愈合，具有抗炎作用，用晒干的柚子皮煮水可治疗冻疮。

【拓展三 柚子与文创】文化创作

无论是以柚子为设计元素，还是直接在柚子上展开创意设计，都是很有趣的文创思路。你见过柚子主题的安全头盔、帽子、书签、钥匙扣吗？你尝试过在柚子上绘画或者雕刻吗？你还能设计出哪些别具一格的柚子文创作品呢？赶快动脑动手试试吧！

【拓展四 小柚子 大产业】乡村振兴

梅州是著名的"金柚之乡"，是全国最大的金柚种植基地。金柚是当地农民的主导产业，推动梅州柚产业高质量发展，是实现乡村全面振兴、促进农民增收及共同富裕的重要措施。梅州位于亚热带气候区，降雨量丰富，光照充足，年平均气温20.6～21.4℃，优良的气候条件让梅州成为柚子生长的绝佳之地。梅州致力于打造梅州柚高标准化示范园，大力推行节水灌溉、测土配方施肥、病虫害综合防治等技术，应用5G技术开展智慧果园和果业大数据建设试点，建设现代化、智慧化梅州柚标准示范园。

思考与分析：

1. 梅州的气候条件对柚子生长及柚果品质有何影响？（提示：光照、温度、水分与有机物的积累。）

2. 柚子在幼苗期主要施氮肥，在挂果后主要施钾、磷肥，这是为什么呢？

3. 柚子病害主要有黄龙病（细菌性）、炭疽病（真菌性），虫害主要有红蜘蛛、卷叶蛾、吹绵蚧等，如何做到科学、生态防治？（提示：以菌治虫、以虫治虫、生物药剂等。）

（案例作者：周碧娇　林冰丽　广东省东莞市华侨中学）

案例⑤ 苦后回甘之味　潮汕文化之韵

——玩转油柑

前 言

　　8月后，去水果摊买水果，也许你能看到这样的小果子，初品苦涩，久而回甘。如果你没吃过，你可能觉得它平平无奇；如果你品尝过，想必你会回味无穷……让我们一起走近油甘，一起探寻它的故事，感受其魅力吧！

【活动一 认识油柑，探寻潮汕文化】信息素养

　　油柑，别名山油柑（潮汕）、望果（南澳），大戟科，落叶小乔木。盛产于广东潮汕地区。果形圆大，果皮光滑，果肉半透明，肉色淡黄或赤黄。

　　潮汕位于粤东地区，这里有八个音调的潮汕话字典，有地道的工夫茶，更有独具一格的潮汕美食，如油柑……中秋节前后，山油柑果熟透，山油柑自然成为潮汕人中秋拜神贡品之一。茶余饭后，抿一口茶再咬一口山油柑。山油柑初入口酸涩，细细咀嚼便有回甘，这种独特的口感，暗合了传统潮汕人对生活的态度：吃得苦中苦，方为人上人。

文学科普创作：请上网收集资料，根据你所了解的油甘及其文化来源，创作一篇科普文。

【活动二 苦味蔬果比一比】比较思维

品尝比较："从来好事天生俭，自古瓜儿苦后甜"，油柑的味道跟人生很相似，一些蔬果也如此，请尝一尝，比一比。

	油柑	橄榄	苦瓜	青梅
苦涩味指数	☆☆☆☆☆	☆☆☆☆☆	☆☆☆☆☆	☆☆☆☆☆
是否回甘				

探究：

1. 这些蔬果的苦味来源于什么成分？

2. 为什么会回甘？与其成分在口腔中的消化是否有关系？请查阅资料，开展探究。

【活动三 油甘吃法大比拼】调研能力

市场调研：油柑主要有以下几种吃法，请通过调查，完成下表。

吃法	味道指数	营养指数	储存指数	偏好占比调查
直接吃				
甘草腌制油柑				
白糖油柑				
油柑炖汤				
油柑榨汁饮料				

【活动四 油柑美食】动手实践

美食制作: 动手尝试制作油柑美食吧!

实践体验: 查阅相关资料,完成几种油柑美食制作。

例如:

1.腌制甘草油柑。

2.油柑青榄炖瘦肉。

3.油柑茶冰饮料。

【活动五 观察油柑叶子】科学观察

活动要求:

1.观察油柑叶子的形态。

2.计数油柑小枝上叶片的数量。

	小枝1	小枝2	小枝3	平均值
叶的数量				
叶的着生方式（叶序）				

提示: 随机选择几个小枝进行观察和计数。

科普: 叶序

1.互生

每个节上只长一片叶子,且各节交互长出。

2.对生

每个节上长两片叶子。

3.轮生

每个节上生三片叶子或三片以上。

4. 簇生（丛生）

原本是互生叶，但每节的节间很短，使得各节的叶片丛集在一起。

【活动六 探寻油柑生长环境】跨学科探究

油柑生活习性：

喜光喜温。对低温很敏感，遇霜时容易落花落叶，甚至冻坏嫩枝芽，5℃以下常受冻害，年降水量要求1000毫米左右，海拔要求1700米以下。

跨学科探究：

请查阅资料了解潮汕地区的地理位置、环境和气候等地理特征，结合植物生长发育过程进行推理分析：为什么潮汕地区盛产油柑？潮汕地区的哪些特点促进油柑的生长？

提示：潮汕包括汕头、潮州、揭阳三市，地处广东省东南沿海地区。三面环山，南面朝海，地貌上以平原为主，潮汕平原上有韩江、榕江、练江，三江汇聚，土地肥沃。年平均气温约21.4℃。

【拓展一 揭秘油柑的药用价值】辩证思维

《本草纲目》记载："余甘果子，主补益气，久服轻身，延年益寿。"油柑也是世界卫生组织指定推广种植的3种保健植物之一。油柑的根、茎、叶、果都具有药用价值。油柑含有多种维生素和微量元素，其中维生素C含量丰富，是柑橘的100倍，可以清肺利咽、清热解毒，被收录于《中华人民共和国药典》中。研究还证明，油柑果汁能阻断强致癌物N-亚硝基化合物在人体内的合成和提高人体红细胞SOD（超氧化物歧化酶）活性，因此具有抗衰老和抗癌的作用。

生活决策：关于"中药治病是否有用"，请上网收集科学证据进行辨别。

【拓展二 制作油柑叶枕头】动手实践

活动要求：

1.油柑叶、桂花晒干（也可在药材店买）。

2.准备棉布枕头袋。

3.选用1～1.5千克油柑叶、桂花等填入枕芯。

4.缝口。

思考：

1.油柑叶枕头有什么功效？

提示：透气清凉，舒筋活血，促进血液循环。叶片清香，健脑安神，利于健康。

2.做好的油柑叶枕头如何保养？

提示：将枕芯每月晾晒2次以上，晒后须用手轻拍使油柑叶松散，其叶香可持续2～3年。

【拓展三 果蔬药性探秘】动手实践

资料：中药具有寒、热、温、凉四种药性，此外，还有一些药性平和，温热寒凉不明显，称为平性。油甘属于寒凉性的食物，可以清热解毒，体寒的人不宜过多食用。

要求：请查找资料，制作水果蔬菜药性表，并用于指导家人生活。

	寒性	热性	温性	凉性	平性
蔬菜					
水果					

思考：药性是依据什么进行划分的？食用油柑过程中需要注意什么？

【拓展四 "白玉油柑"新品种发现的启发】发散思维

资料：1990年，汕尾市华侨区的高国华偶然发现一株野生的油柑树生出两枝油柑，他想：这该不会是变异新品种吧？他采摘其中一枝的油柑品尝，又苦又涩；又品尝了另一枝头上的油柑，这油柑甜、脆、回甘，味道前所未有。高国华和其团队立即对这株野生油柑进行嫁接。多年后，一个新的油柑品种诞生了，即"白玉油柑"，其产量高，味道好，年产值7000多万元。后来，高国华成立汕尾市鼎丰生态农业有限公司，形成油柑"研发—生产—销售"一体化产业链。

思考：嫁接指的是什么？你还知道哪些植物嫁接的例子？嫁接培育的后代具有什么性状特征？

启示：从这个甜油柑品种培育的成功案例中，我们可以得到什么启示？

【拓展五 认识油柑新型产业链】发散思维

资讯：2021年3月23日，某连锁茶饮品牌推出全新鲜果茶——霸气玉油柑，主打"3秒微涩，5秒回甘"，带来沁人心脾的草木清香，成为该品牌宝藏水果茶中的一员。

思考：请查阅资料，尝试分析油甘新型产业果茶产品的设计理念和推广策略，以及将传统文化和网红奶茶产业创新融合给我们的启示。

（案例作者：徐小欢 深圳市福田区北环中学；谢宝凤 深圳市福田区外国语学校）

案例 ⑥ 学科横贯 掂过碌蔗

——玩转甘蔗

前 言

　　南方小年有吃甘蔗的传统，且有要完整保留甘蔗头的讲究，其寓意是"节节高"。甘蔗属于冬令水果，种植于春天，收获于晚秋并上市销售至第二年3—4月。其实，随着甘蔗的二次加工技术、包装技术和发达的物流，现可随时吃到，季节性已不明显。让我们一起玩转甘蔗！

【活动一 观察和测量甘蔗】科学观察

活动要求：

1. 观察甘蔗的外部形态结构（重点观察甘蔗的节和芽）。

2. 测量甘蔗茎秆的周长和长度。

	茎秆周长	长度	茎秆周长/长度
1			
2			
3			
平均值			

方法提示：用软尺测量茎秆周长，若没有可用细绳代替，再测量细绳长度。

82

【活动二　甘蔗身上的数字探秘】科学探究

资料一：甘蔗的身高（长度）、体重、胸围（茎秆周长）一般是多少？

南方长度：2.5米（重量：3～3.5千克）

北方长度：2米（重量：2.5～3千克）

茎秆周长：≤0.15米

资料二：有甘蔗茎秆周长0.15米，长2.4米；按这一比例推理，若楼房围径150米，能否建到2400米？实际上世界最高楼哈利法塔仅828米，占地面积344000平方米（围径约2400米）。

思考：

1. 为什么南方的甘蔗长得比较高且重？

2. 为什么建筑物不能按甘蔗的"茎秆周长与长度比"来建？

进一步探索：尝试按甘蔗的结构特点（特别是"节"的结构）进行仿生应用。

【活动三　甘蔗吃法大比拼】调查研究

市场调查：甘蔗的食用方式主要有直接啃吃、榨汁吃、配菜吃，请通过调查，完成下表。

吃法	方便指数	营养指数	性价比	选择占比调查
直接啃吃				
榨汁吃				
配菜吃				

拓展研究：有人担心常直接啃吃甘蔗会导致咬肌（咀嚼肌）变大，有科学根据吗？

【活动四 削榨甘蔗神器大比拼】科学决策

活动要求：选择自己喜欢的4种进行多方位比较，帮助你做出选择。

种类				
价格				
安全性				
便捷性				

【活动五 发明榨甘蔗神器（选做）】发明创造

比较了别人家的神器，有没有想过设计并尝试发明一个？来！开动脑筋吧。

设计草图	模型制作	作品物化

【活动六　特色甘蔗美食制作（选做）】劳动技能

甘蔗羊肉汤　　　　　甘蔗马蹄糖水

活动要求：在家长的陪同下，用观察实验后的甘蔗来制作美食，具体方法可求助家长或网络。

活动材料：甘蔗、羊肉、枸杞、马蹄、白糖等。

【活动七　甘蔗的种植】生产劳动

种植劳动：在自家阳台，用吃剩的甘蔗茎（尾部）种植。

1.选苗：一般选用甘蔗尾部（芽最密集），约20厘米长的一段。

2. 选盆填土：选用较大的花盆（阳台有较深的花槽也可以），深耕土壤（确保疏松且肥沃），种植沟深30厘米、宽25厘米，沟底要平（若在地里大面积种，还需行距1.5米，确保光照充足）。

3. 种植：先给土壤浇水，然后平放甘蔗苗，并轻压入土里（压入一半，另一半露出），尽可能让芽眼在左右两侧。

拓展研究：甘蔗苗放置方向有学问，请分析横向与纵向放有何区别，哪一种好。

提示：甘蔗苗在节处生根，节上有芽，最终长出的甘蔗植株分布不一样会影响光合作用。

【拓展一 基于甜度计的应用研究】科学探究

资料：甜度计（也叫糖度计）是一种通过测量水溶液的折射率来测量其糖浓度的仪器。糖量折光仪用于快速测定含糖溶液的溶度、果酒密度，通过换算还可以测量其他非糖溶液的溶度或折射率。

实践：尝试用甜度计测量下图几种甘蔗的甜度。

拓展：用甜度计测量不同水果的甜度。

应用：设计一个"基于甜度计的应用"的探究实验。

【拓展二 基于蔗糖比甜度图表的思维训练】科学思维

资料：甜度是一个相对值，通常以蔗糖（非还原糖）作为基准物，一般以10%或15%的蔗糖水溶液在20℃时的甜度为1.0，其他糖的甜度则与之相比较得到。

训练：观察下图，你可以总结出哪些规律？

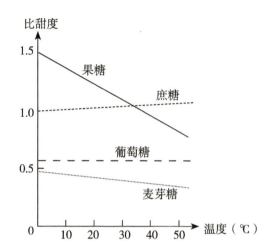

规律①：_____。
规律②：_____。
规律③：_____。

拓展：试以上图为素材，命一道中考题。

提示：

1.探究自变量（温度）及自变量（比甜度）的关系。

2.探究糖的种类与比甜度的关系。

3.探究温度、糖的种类与比甜度三者的关系。

【拓展三　民间削甘蔗神器】创新思维

固定思维：刀动，甘蔗不动

网络视频学习：自主查阅"刀动"的削甘蔗神器

逆向思维：刀不动，甘蔗动

网络视频学习：自主查阅"刀不动"的削甘蔗神器

感悟：高手在民间，时时处处人人可发明！换用逆向思维，说不定更省时省力！

体验：尝试运用逆向思维解决生活上的不便。

【拓展四 果蔬季节性的探秘】社会责任

资料：甘蔗属于冬令水果，在秋冬时节吃相对比较好。随着科技发展，如大棚种植，很多果蔬一年四季都有，但中医提示，吃果蔬按时令选择比较好。

要求：通过上网查找资料，制作一年四季时令蔬菜水果表，并用于指导家人生活。

种类	春	夏	秋	冬
水果				
蔬菜				

提示：中医传统文化博大精深，要注意果蔬饮食的"适时性"，理解并传承中医"食物是最好的药物"（"食药兼用"）理念，改善家人生活。

后 记

拓展活动还有很多，如"小蔗糖 大糖业"——宏观看制糖业发展，通过数据宏观分析全球产糖量变化特点，推测其变化趋势；查阅制糖产业循环经济模式，充分用好制糖过程生成物、废热，生产衍生产品（如造纸、生产酒精、发电等）；甘蔗歇后语大比拼及创作，如"倒吃甘蔗——一节比一节甜"，创作基于劳动实践的歇后语，感悟中华民族特有的传统文化，品味生活，明晰事理，智慧生活……最后，希望大家通过这些跨学科活动的体验，提升学科横贯能力，今后解决问题就能得心应手，掂过碌蔗（本义是比甘蔗还要直，实指事情进展非常顺利）！

（案例作者：肖小亮 东莞市东莞中学初中部）

案例⑦ 酸甜人生 相携同行

——玩转柠檬

前 言

柠檬是常见的水果，香、酸、富含维生素C是对其最普遍的认识，可用于泡水喝，又可作为菜品的调料，如柠檬鸭、柠檬鸡翅、椰香柠檬咖喱鸡等，还可工业化生产制成常见的柠檬糖、柠檬夹心饼干等。本活动将带领学生以科学探究的角度由外而内"解剖"柠檬，既能让学生刷新对柠檬的认识，又能让他们体验实验的乐趣！

【活动一 柠檬的浮与沉】科学观察

活动要求：

1.往碗内倒入水，将整个柠檬放进去，发现柠檬是浮起来的。

2.将柠檬去皮，再次放入水中，去皮的柠檬逐渐沉到碗底。

原理：柠檬的果皮（白色海绵状部分）含有一部分空气，使柠檬的密度比水小，所以带皮的柠檬能浮在水面；而去皮的柠檬密度比水大，所以即便重量

比带皮的轻，也会下沉。

【活动二 写密信】科学探究

活动要求：

1. 取一张白纸，用棉签取柠檬汁在白纸上写字。

2. 风干白纸，这时看不出纸上所写的字。

3. 点燃蜡烛，将白纸放在蜡烛上方烤一会儿，纸上便会显现出棕黄色的字。

原理：柠檬汁可以降低纸的燃点，用火烤后，有柠檬汁的地方会先被烤焦，字便呈现出来了。

注意：在用火过程中要当心，打火机和纸应保持一段距离，避免火苗直接点燃纸张，发生安全事故。

【活动三 柠檬火山】科学探究

活动要求：

1. 在柠檬的1/4处将柠檬切成大、小两部分，分别标记为A和B，用勺子将两部分的果肉挖出，并在B柠檬皮上挖个小孔。

A柠檬皮　　　　　　B柠檬皮

2. 用榨汁机榨取柠檬汁（或用手、勺子挤压），备用。

3. 往A柠檬皮中倒入约4/5空间的柠檬汁，滴加几滴色素，搅拌均匀。

4. 取一满勺的小苏打，放入染色的柠檬汁中，盖上B柠檬皮，合成一整个柠檬，片刻后即可观赏"火山爆发"。

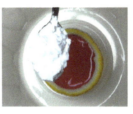

原理：柠檬汁中含有大量柠檬酸，可与小苏打中的碳酸氢钠发生化学反应，产生柠檬酸钠、二氧化碳和水，和颜料结合后形成有色的泡沫从小孔中溢出来，即"火山爆发"。

提示：关键是能产生二氧化碳，将柠檬酸换成醋酸等酸性物质也可以哦！

醋酸加色素　　　　　醋酸"火山"

【活动四　碘伏褪色】科学观察

碘伏　　　　　　　　加柠檬汁后的碘伏

活动要求：

1. 往水杯中倒入水，滴加几滴碘伏。

2. 在水杯中加入与碘伏等量的柠檬汁。

3. 静置一段时间后，可观察到碘伏褪色。

原理：柠檬汁中富含维生素C，具有极强的还原性，可将碘伏中的碘单质还原成氢碘酸，而氢碘酸在溶液中呈无色状，所以柠檬汁可使碘伏褪色。

【活动五 引爆气球】科学思维

活动要求：将气球吹大（触感有硬度即可），放在地上或桌子上；取一小块柠檬皮，对着气球挤压，气球破裂。

原理：柠檬皮上有一层油脂腺，里面含有柠檬烯等有机溶剂，可以溶解气球表面的橡胶（相似相溶），从而导致该处的气球表面变薄，可承受的压力变小，导致爆炸。

挤压柠檬皮

注意：

1. 气球充气至触感有硬度，如果不够充盈则不容易爆破。

2. 气球爆炸瞬间会有巨大声响，因此注意戴好耳塞保护听力，或隔一定距离挤压柠檬皮。

【拓展一 小魔术——会变色的气球】科学思维

"魔法"：将四个不同颜色的气球依次套嵌，用打气筒充气至有硬度即可。取一小块柠檬皮，对着气球挤压柠檬皮，气球逐层爆破。

【拓展二 制作柠檬香薰蜡烛杯】劳动技能

柠檬精油主要取自果皮，具有抚慰和缓解烦躁等作用，如果把柠檬皮当作盛器，注入蜡油，就变成了天然的香薰蜡烛了。

【拓展三 基于柠檬的思维训练】科学思维

维生素C可以使碘液褪色，小明利用试管和滴管测定不同果汁的维生素C含量。他在四支相同的试管中各加入5克果汁，然后用相同的滴管分别滴加1%的碘液，测得数据如下表。

果汁	猕猴桃	鲜橙	草莓	鲜枣
滴加碘液的滴数/滴	60	55	12	7

1. 实验中，当观察到褪色现象时，记录碘液的滴数。

2. 维生素C俗称抗坏血酸，小明牙龈经常出血，医生建议他多吃水果。上述四种水果，对治疗小明牙龈出血症效果最好的是哪种？

3. 经标准测定，使1克1%的碘液完全褪色需要维生素C的质量为6.9毫克。若每20滴碘液以1克计，根据实验数据估算100克柠檬汁中含维生素C为＿＿＿毫克。

后 记

　　柠檬的用法还有很多，如饮料制作、腌制泡菜、杀菌除味、清洁肠胃等饮食用途；还可以应用于美白护肤、制作清洁剂、去除水垢、去除衣服茶渍、去除头皮屑等生活小窍门。另外，柠檬也象征着人生的道路，不单单只有甜，还有酸，让我们好好珍惜身边的每个人，一起度过生活中美好的每一天！

　　　　（案例作者：何龙淇　广二师17生物教育B班；罗彩珍　东莞外国语学校）

案例⑧ 学科的魅力 生活的智慧

——玩转菠萝

前 言

先来一道数学题，1，1，2，3，5，8，13，21，……下一个数会是什么呢？34！对，其规律是 $F(n)=F(n-1)+F(n-2)$，$n>2$，且 n 是自然数。以上是非常有名的斐波那契数列。其实，我们身边有很多这样的原型，在厨房里就能找到，如菠萝、花椰菜……其中菠萝因其结构特别，市面出现了各种削菠萝神器和削法，各个细节都体现出人们生活的智慧，一起来体验一下吧！

【活动一 观察菠萝格子排列的斐波那契数列】科学观察

活动要求：

1. 观察菠萝的外部结构。

2. 按照一定旋转顺序，寻找菠萝格子的排列规律。

3. 分别找出8，13，21，……分布规律。

4. 理解斐波那契数列在菠萝果实中的体现。

观察结果：

1. 菠萝果实的排列是一种螺旋结构。

2. 常以顺时针方向或逆时针方向螺旋形层层排列。

3. 数一下其中顺时针和逆时针排列的层数，发现这

两个数是斐波那契数列中相邻的两个数。

【活动二 探寻削菠萝中的数学建模】科学探究

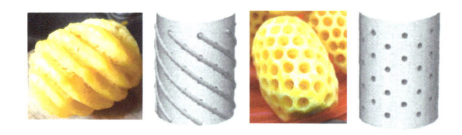

任务：削菠萝的方法很多，有横削、纵削和斜削，甚至现在有点挖法，试建模研究，比较这些方法的优缺点。哪一种削法更方便且不浪费？

观察与建模过程提示：

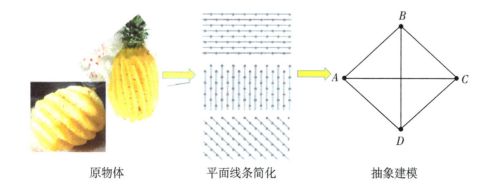

原物体　　　　　　　平面线条简化　　　　　　　抽象建模

思考：根据上面的数学建模提示，简单估算或计算去皮长度，再进行比较选择。

【活动三 削菠萝神器大比拼】科学决策

研究背景：菠萝结构奇特，为方便削菠萝，人们想尽方法，发明出各种各样的削菠萝神器。试上网搜索各种神器的资料，并分析其优缺点，尝试做出决策，选择适合自己用的一种。

活动要求：选择自己喜欢的3种进行多方位比较，帮助你做出选择。

种类			
价格			
安全性			
便捷性			

【活动四 发明削菠萝神器（选做）】发明创造

比较了别人家的神器，有没有想过设计并尝试发明一个？来！开动脑筋吧。

| 设计草图 | 模型制作 | 作品物化 | |

【活动五 创意菠萝饭菜的制作（选做）】劳动技能

活动要求： 在家长的陪同下，用观察实验后的菠萝来制作一道菜肴，方法可求助家长或网络。

活动材料： 菠萝、大米。

【拓展一 其他生物隐藏的斐波那契数列】科学探究

活动要求： 寻找其他隐藏有斐波那契数列的植物。

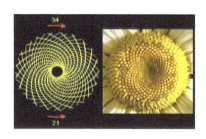

【拓展二 菠萝的各种花式削法】科学思维

个性化削法： 通过网络学习了解菠萝的各种花式切法，你还可以想到什么更好的切法？

【拓展三　菠萝工厂化"去皮通心"加工法】科学思维

任务：观看《我爱发明·玩转菠萝》视频，了解来自广西博白的吴东峰发明的菠萝去皮通心机（通过旋转的刀片完成菠萝的去皮工序，设计的罗盘式转轮旋转推进将菠萝的内心去除），能快速完成菠萝的加工工作，使加工菠萝更安全且大大节省人力。

思考：还有更好的改进方法吗？

提示：菠萝有大有小，如何削实现最少浪费？

【拓展四　基于菠萝的实验纸笔设计】实验探究

活动要求：

1. 先提出要探究的问题，然后以简图的形式进行设计，并说一说实验设计的依据。

2. 提供的范例仅供参考。

3. 设计的实验项目越多越好。

4. 同一原理或方法只能设计一个实验。

序号	探究主题	提出问题	设计简图	实验依据
例1	菠萝的质量变化	为什么菠萝放久了会变轻?		菠萝的呼吸作用、蒸腾作用
1				
2				
……				

后 记

大自然之美往往体现在数学之美中，不细心观察很难发现。斐波那契数列就是数学之美，在菠萝、向日葵等植物中均有体现，甚至在钢琴上也有体现。这就是学科的魅力，生活的智慧！

（案例作者：肖小亮　广东省东莞市东莞中学初中部）

案例 ⑨ 蝉鸣荔熟 树下乘凉

——玩转荔枝

前 言

红蚊帐、白蚊帐，内有一颗白珍珠。猜一猜这是什么？

荔枝，无患子科，属常绿乔木，高十多米。果皮有鳞斑状突起，成熟时大多鲜红色；种子全部被肉质假种皮包裹。花期春季，果期夏季。果肉半透明凝脂状。

自古以来，荔枝就是人人喜爱的美食，也是文人墨客吟诗作词的题材。荔枝还有哪些新玩法呢？让我们一起玩转荔枝吧！

【活动一 参观荔枝园】社会实践

1. 以某品种荔枝为对象，观察荔枝花的结构。

荔枝的花为聚伞花序，圆锥状排列。荔枝花型有雌花、雄花、两性花和变态花四种。雌花、雄花数量多，生产上作用大；两性花数量较少，变态花授粉不良，故在生产上作用不大。请观察比较不同花型花的结构，并制作花的离析图。

2. 持续观察荔枝从花到果实的发育过程。

注意：

（1）果实发育可划分为以下三个阶段，建议除记录外观变化外，还要记录纵切结构的差异。

果皮发育阶段 ——→ 种子发育阶段 ——→ 果肉发育阶段

（授粉后30天左右）（授粉后30~50天）（授粉后50~90天）

（2）关注荔枝的果肉不是由子房壁发育而来，而是由肉质假种皮发育而来。

3. 访问荔枝果农，了解荔枝树的茎环割的方法。

备注：

环割的原理是暂时阻碍光合作用生产的有机物向下运转，使营养尽量多地集中在枝、芽上积累，促进花芽形成，提高花质，减少落花落果；使幼树营养生长周期缩短，提早结果，增加产量。一般在12月份环割。

4. 了解荔枝树的病虫害主要有哪几种，如何防治。

5. 观察比较荔枝树和松树树形的区别，并利用顶端优势的原理做出解释。

6. 了解荔枝蜜的形成。

7. 采摘荔枝。

（情感渗透：学会沟通，尊重劳动人民，爱护生命。）

【活动二 品尝荔枝】扩展视野

1. 认识常见荔枝品种。

"三月红"荔枝在农历三月中下旬成熟，一般四月份时候吃。这个时候的荔枝果实呈心脏形，上面宽而下面窄。其表面的裂片也是大小不一，各有各的形状，味道酸中带甜。

"妃子笑"是荔枝品种中最出名的一种，其外形呈近圆形或倒卵形，果形整齐美观，稍微有一些墨绿色的斑，这是正常的现象，果皮红一块绿一块十分惹人喜爱，吃起来的味道更是让人爽口，一吃就停不下来，难怪让杨贵妃那么魂牵梦萦！

"糯米糍"是广东特有的一种荔枝，其果实呈心脏形状，果柄一般都是歪斜的。吃起来甜度很高，果肉多核小，糯而嫩滑，十分受人们欢迎，用来制作成荔枝干也是十分美味可口的。

"白糖罂"也叫蜂罂，其意思是想表达这种荔枝的味道就跟蜂蜜一样甘甜可口。白糖罂的外形很大，偏心形，核不大，吃起来其中的果汁少，但是果肉十分殷实。

"挂绿"的果实呈扁圆形状，个头不是很大，龟裂片也是平滑的，因为其果蒂带有一绿豆般的小果粒，成熟的时候红紫相间，一绿线直贯到底，所以得名。其果肉细嫩，浓甜汁多。

"桂味"属于荔枝中的中上品，因为吃起来带有一股淡淡的桂花香味而得名。其果身较为饱满，果皮有着比较尖锐的棱角，比较好区分。

"鸡嘴"是北海人在夏至最热衷的一种荔枝。果实大、肉厚爽口、核小如珠，剥皮后干爽，味道清甜可口，因其核小似鸡嘴，故而得名。

2. 开展荔枝品尝活动，寻找吃荔枝不上火的方法。

民间常用方法：

（1）泡盐水后吃。

（2）冷藏后吃。

（3）吃完多喝淡盐水。

（4）吃完吃咸鱼。

（5）用新鲜荔枝叶、荔枝壳煮水喝。

（6）吃前喝点凉茶、冬瓜汤或绿豆汤……

（情感渗透：自己动手，丰衣足食，清洁卫生，人人有责。）

3. 学会辨别荔枝的品质。

（1）看外观：颜色鲜丽为好。

（2）闻味道：舍弃有酒味的果实。

（3）用手捏：紧实为好。

（4）看果肉：果肉白润细腻为好。

（5）看果蒂：有小虫眼的舍弃。

（6）用嘴尝：清爽、香嫩、多汁为好。

4. 学会晒干荔枝。

到了荔枝丰收的季节，往往吃不完，可以考虑晒干保存。请借助网络，寻找晒干荔枝的方法与技巧，进行一次晒荔枝干实践，并品尝自己的劳动成果。

【活动三　制作荔枝叶枕头芯】居家劳动

过程如下：

1. 与荔枝园的园主沟通，定时去收集荔枝叶，去掉老叶、烂叶，洗净，晒干。

2. 待荔枝叶晒干后（约三天），去除发霉或变黄叶子，去掉叶梗，只保留晒干后呈淡绿色的叶子。

3. 用棉布缝制枕头袋，长约70厘米，宽约35厘米。

4. 把晒好的荔枝叶填充到枕头袋中，压实，调整枕头高度，直到适合自己为止，封口。

（情感渗透：学会沟通，精耕细作。）

【拓展一 荔枝之美】传统文化

1. 收集赞美荔枝的名言名句。

一骑红尘妃子笑，无人知是荔枝来。

——杜牧《过华清宫绝句三首·其一》

十年结子知谁在，自向庭中种荔枝。

——白居易《种荔枝》

荔枝新熟鸡冠色，烧酒初开琥珀香。

——白居易《荔枝楼对酒》

2. 开展荔枝主题的摄影展或绘画展。

3. 设计并制作荔枝主题的文创作品。

【拓展二 荔枝全身都是宝】扩展视野

调查荔枝叶、果肉、果皮、核、树干、花、蜜等的用途。

1. 荔枝核：富含淀粉，可磨粉做饼，同时具有疏肝和胃、理气止痛的功效。

2. 荔枝肉：治烦渴，呃逆，胃痛，瘰疬，疔肿，牙痛，外伤出血。

3. 荔枝花及皮、根：主治喉痹肿痛，用水煮汁，细细含咽。

　　4.荔枝蜜：具有润肠通便、润肺止咳、健脾益气的功效和作用。

　　……

【拓展三　创建校园荔枝园】生产劳动

　　请调查适合荔枝生长的土壤环境和气候环境，在校园建立荔枝园，种植适量荔枝树，开展种植、保鲜研究，并开设学生公司，进行荔枝产品的开发和销售，加强劳动教育的同时提高财经素养教育。

【拓展四　创新《荔枝颂》】创新思维

　　红线女的经典粤曲《荔枝颂》流传已久，请自主选择制作视频的软件，重新创作《荔枝颂》影视作品。

　　（案例作者：陈月英　广东省湛江体育学校）

03

第三章

玩转花卉

案例① 国色朝酣酒　天香夜染衣

——玩转牡丹

　　人间四月，春深如海，姹紫嫣红开遍，牡丹才浓墨重彩地盛装登场。花开色泽艳丽、富丽堂皇，牡丹不负人们的期待，亦不负"花中之王"的美誉。

　　"洛阳地脉花最宜，牡丹尤为天下奇。"洛阳人酷爱牡丹，种花成俗，赏花成风。"花开花落二十日，一城之人皆若狂""唯有牡丹真国色，花开时节动京城"的诗句正是洛阳牡丹品赏习俗的生动写照。在种花赏花的同时，还衍生出大量的诗词、书画、传说等牡丹文化。每年4—5月的牡丹花会，已经成为洛阳人民的盛大节日。一朵花因城而盛，一座城因花而名。今天，就让我们一起赏一朵从历史深处怒放至今的"牡丹花"！

【活动一　整体认识牡丹植株】科学观察

　　牡丹是毛茛科、芍药属植物，为多年生落叶灌木。请选择一株牡丹进行观察，并描述其形态结构。

花	
叶	
茎	

拓展探究：

1. 牡丹品种繁多，著名的有姚黄、魏紫、赵粉、二乔、洛阳红、蓝田玉、豆绿等，请了解不同品种的特点并进行辨识。

2. 查阅资料，了解近年走红网络的"荷包牡丹"是不是牡丹。

【活动二　牡丹和芍药的区分】科学观察

芍药花和牡丹花的长相很相似，使得不少人误会芍药和牡丹是一种花的两种别称，但是实际上除了都是毛茛科的芍药属之外，它们有很多不同。

牡丹　　　芍药

1. 芍药叶片狭长浓绿，叶形像鸡爪一样，是完全分裂的。牡丹叶片舒展，颜色也娇嫩一些，像鸭掌一样，前端1/3处有分裂。

2. 牡丹是木本花卉，花枝硬朗结实，有木质感。而芍药却是草本花卉，花枝柔软。

3. 两者花期不同，虽然接近，但严格守时。民间说法是"谷雨看牡丹，立夏看芍药"，也就是4月底开花的是牡丹，5月初开花的是芍药。

【活动三　牡丹生长环境的探究】调查研究

"洛阳地脉花最宜，牡丹尤为天下奇。"这是欧阳修在《洛阳牡丹图》中的名句。欧阳修强调的"地脉"是什么意思？

查阅资料，了解洛阳有哪些自然因素为牡丹的生长提供了优势条件，并撰写报告进行展示。

【活动四 牡丹花期调控的探究】科学决策

"花开花落二十日,一城之人皆若狂",白居易在《牡丹芳》里高度赞扬了牡丹的美色,也道出了其花期短暂的遗憾,有没有办法能延长花期呢?

请结合所学的知识,从光照、植物激素等方面提出合理的操作方案。

遮阳棚下的牡丹花

【活动五 体验牡丹种植（选做）】生产劳动

收集牡丹种子,体验育苗、栽培的过程。

材料和工具:提前用温水浸泡好的牡丹种子、小花盆、营养土（或者适合种植的土地）。

注意:牡丹种子在中秋节前后种到地里,一般到第二年的春天发芽,养护四五年方可见花,记得定期观察并记录自然笔记。这个过程需要有极大的耐心,相信你的一分播种定有一分收获!

拓展延伸:请查阅资料,了解牡丹除了种子繁殖以外,还有哪些繁殖途径,并比较不同繁殖途径的优缺点。

【活动六 牡丹食材的食品制作（选做）】劳动技能

欣赏应用:牡丹观之赏心悦目,食之清新可口,嗅之芬芳怡人。以牡丹为材料或者主题制作的美食有牡丹花茶、牡丹饼和牡丹雪糕等。

实践体验:体验制作牡丹花酱。

材料和工具：鲜牡丹花瓣、冰糖、电磁炉、大小合适的锅和玻璃储物罐。

制作方法：将洗净处理好的牡丹鲜花瓣，同冰糖水一同小火慢煮，煮至花瓣透明、酱汁浓稠时，晾凉后密封，储存在阴凉干燥的地方，随食随取。

牡丹雪糕

【活动七 欣赏牡丹主题的文学、书法作品】文学素养

欣赏应用：唐代刘禹锡的"唯有牡丹真国色，花开时节动京城"，脍炙人口；李白的"云想衣裳花想容，春风拂槛露华浓"成为千古绝唱。由于牡丹花形态优美，颜色绚丽，是文学艺术中经常出现的题材，与其相关的诗词文赋和传说故事屡见不鲜。"焦骨牡丹"就是一段广为流传的牡丹与武则天之间的稀奇花事。

洛阳城市建筑、园林中应用的书法作品也多与洛阳历史、牡丹文化相关，对仗工整、用字严谨，在欣赏笔墨情趣的同时也能获得丰富的文化知识，是点睛之笔。

实践体验：

1. 请欣赏描写牡丹的诗词、楹联中的意境，收集你喜欢的词句与同学们分享。

2. 请以牡丹为主题进行文学创作，诗歌、散文、小说等体裁不限。

【活动八 观察记录牡丹元素之生活应用】创新思维

资料：在洛阳的园林中，牡丹不仅在植物景观中充当着重要的角色，更是成为随处可见的装饰与文化。绘画、雕刻和建筑上丰富多彩的牡丹图案寓意着

吉祥与美好。在洛阳不仅有牡丹桥、牡丹广场，还有牡丹图案的红绿灯。

马路护栏上的牡丹图案　　　洛阳地铁标志　　　　　　牡丹花形红绿灯

实践体验：

1. 你在生活中看到过哪些景观用到了牡丹元素？请拍照并制作成PPT，形成展示报告与大家分享。

2. 如果位于市区的牡丹主题公园要建设一个大门，请你结合牡丹元素，从生态自然、文化传承两个要点进行规划设计，画出你的效果图，并说明设计意图。

【拓展一　参观牡丹博物馆】美育渗透

牡丹博物馆坐落于洛阳城市中轴线南端，于2022年4月底开门迎客。大型琉璃壁画、三彩牡丹纹大盘、沉浸式赏牡丹等项目一定会让你不虚此行。

通过网络视频云端参观洛阳牡丹博物馆，观赏牡丹，了解其文化，你有什么收获与启发？

【拓展二　洛阳牡丹文化节】社会责任

资料：第四十届中国洛阳牡丹文化节原计划于2022年4月1日至5月5日在洛阳举行，鉴于疫情防控形势严峻，推迟至2023年举办。同时要求相关部门要加强舆论引导，做好"云赏牡丹"安排，完善赏花惠民政策，在严格落实防控举措前提下开放游园场馆，不断提升洛阳牡丹影响力和美誉度。

思考：

1. 牡丹文化节的社会、经济、文化价值体现在哪些方面？

2. 如何理解为疫情防控做出延期举行这一科学决策？

3. 请给"云赏牡丹"活动提出科学合理的建议。

【拓展三 保护牡丹行动】生命观念

资料：紫斑牡丹是我国比较古老的牡丹品种，因根、皮可入药，长期遭受过度采挖。而紫斑牡丹的天然繁殖力很弱，种子萌发率很低，导致它的分布区及种群数逐渐缩小，被列入中国《国家重点保护野生植物名录》一级和《世界自然保护联盟濒危物种红色名录》（IUCN）——易危（VU），是所有野生牡丹中受威胁程度最高的种类。陕西太白山等产地已建立自然保护区，并积极开展繁殖试验。

思考：我们保护生物多样性的意义是什么？

活动：请你开展牡丹保护现状的调查，并设计保护牡丹的行动。

后记

牡丹花在我国有悠久的栽培历史，观赏牡丹花也是一项传统的民俗活动。发展至今，规模较大的牡丹花会除了在洛阳举办的以外，还有著名的菏泽国际牡丹花会、彭州牡丹花会。

关于牡丹花的拓展活动还有很多，如"唱牡丹"——搜集并学习与牡丹花有关的音乐作品，感受人们通过牡丹花这一意象在音乐中表达的情感；"画牡丹"——参观牡丹画展，欣赏在传统的中国花鸟画中表达出来的人与自然和谐相处；"牡丹精油"——了解牡丹的药用价值和精油的提取方法等。牡丹花的美——国色天香，在这个系列的活动中，希望你去探寻美、感受美，也努力成为创造美的人！

（案例作者：何婷 河南省洛阳市第十二高级中学）

案例② 常开常谢花富丽 一年四季开不败

—— 玩转月季

前 言

"遥望街头花似海，唯有此花最惹眼，常开常谢花富丽，一年四季开不败。"此花被人称为"花中皇后"，艳而不俗，赢得不少人的喜爱，它就是月季！月季原产于中国，有2000多年的栽培历史。中国有52个城市将它选为市花，1985年5月，月季被评为中国十大名花之第五位。让我们一起走进月季的世界，感受它的无穷魅力！

【活动一 月季花的解剖】科学观察

活动要求：

解剖月季花，仔细观察其各部分的特征，记录在表格内。查找资料，了解月季花各部分的用途。

	叶	花	茎	根	果	种子
特征						
用途						

【活动二 区分月季花的品种】科学观察

名称	样子	评价	名称	样子	评价
大游行			朱丽叶		
胭脂香水			伊芙伯爵		
博斯科贝尔			粉色龙沙宝石		
海神王			亚伯		
蜻蜓			莫奈		

提示：月季花品种很多，深受人们喜爱的有以上十种，仔细观察，看看它们有什么不同；进行社会调查，了解它们受欢迎的程度如何。

【活动三 月季花的花语】社会调查

活动要求：月季花姹紫嫣红，每种颜色的月季花的花语不同，它们分别有什么含义？受人们喜爱的程度如何？

颜色	粉红	大红	蓝紫	白色	橙黄
花语					
评价					

【活动四 辨别月季、玫瑰与蔷薇】科学探究

	颜色	叶片	刺	花
月季花				
玫瑰花				
蔷薇花				

探究：生活中人们往往把香水月季当作玫瑰出售，实际上它们的区别可大了。

【活动五 月季花的变色实验】科学探究

实验材料：准备4种颜色的食用色素、白月季、几个一次性杯子、一把小刀。

实验过程：首先把叶子摘掉，只留下茎和花朵，茎可以稍微长一些。然后，用小刀把花茎剖开。最后，将花朵放进装有色素的杯子里，让它保持平衡。过几个小时就可以看到神奇的效果了。

实验结论：月季花会变色是其导管将食用色素往上运输至花瓣的缘故。

实验拓展：还有一种变色原理是利用花青素天然酸碱指示剂（遇酸变红，遇碱变蓝）原理，可试着将食用色素换成醋或小苏打溶液，花瓣也会变色，试一试吧！

【活动六 月季花的种植】劳动实践

在自家阳台的花盆里或学校的基地上种植月季花。了解人们对下面四类月季花的评价。

品种	扦插	栽种	管理	评价
灌木类月季花				
微型类月季花				
树状类月季花				
藤本类月季花				

【活动七 制作月季花美食】劳动实践

自己在家尝试制作月季花美食，并把过程记录下来，把做成的月季花美食与同学分享。

做法	制作步骤	评价
月季花泡水喝		
月季花做汤喝		
月季花油炸吃		
月季花煮粥喝		
月季花做酱吃		

【活动八 月季花插花】艺术素养

插花是一门高深的艺术，掌握这门艺术，不仅可以提高我们的欣赏水平，锻炼动手能力，还能让我们的生活变得优雅、舒适。

1. 挑选容器：应该挑选能衬托插花艺术的容器。除了常规的透明玻璃容器，我们还可以选择一些造型独特的容器，甚至一些手工编织的工艺品。

2. 选择花草：围绕着月季花这个主题选择适宜的

花草。根据月季花的色彩、大小来挑选，进行合理搭配，主花的周围可以适量点缀一些小花来陪衬，大朵的花不要插得太高、太突兀，避免出现头重脚轻的现象。

3. 修枝剪叶：可以适当地修剪掉一些多余的叶片。

【活动九 做月季花花环】科学制作

材料： 月季花、满天星、藤条、绸带、小刀。
步骤：

1. 用小刀将月季花的叶和刺除去，花朵下留有大约5厘米长的花茎。

2. 用藤条将满天星扎成不封闭的环状。

3. 用藤条将月季花均匀地缚在环状的满天星上，将月季花的花冠朝外。

4. 在两端系上绸带，做成大小合适的花环。

【活动十 月季花的价值】科学探究

月季花是一种花期绵长、芬芳色艳的观赏花卉。开花时，大朵大朵的鲜花缀满枝头，五颜六色，特别引人注目；淡淡的花香在空气中氤氲，沁人心脾。月季花不仅美丽典雅而且价格实惠，因此，人们常常用月季花来布置花坛、庭院、园林。月季花因其种类齐全，树形多样，在园林街景、美化环境中具有独特的作用，可以做成延绵不绝的花篱、花屏、花墙等，植于机关、学校、居民小区、城市广场等地方，不仅能净化空气、美化环境，还能大大降低城市的噪声污染，缓解火热夏季城市的温室效应。如今不少城市在公路两边的花坛里栽种月季花，不仅美化了环境，还可以减轻司机和旅客的疲劳。遇上堵车时，人们还可以赏花，缓解急躁的心情。

探究： 街道两旁大量种植月季花，如何管理呢？

【拓展一 月季花名字的来历】文化溯源

月季花是蔷薇属植物，被叫作月季花的原因主要与它的生长习性有关。它是一种一年四季都可以开花的植物，花朵一般呈周期性开放，所以才被称为月季花。它被人们认为是"花中皇后"，还有月月红、长春花、四季花等别称。《花镜》曰：月季"四季开红花，有深浅白之异，与蔷薇相类，而香尤过之"。

【拓展二 月季花多色同株】科学实践

让一株月季花开出不同颜色的花来，这是怎么做到的呢？其实只要把不同的月季花品种嫁接到同一株月季花上就可以了。嫁接时，用芽接的方法，操作起来更为简便，可接的部位也多，存活率也高。嫁接时，最好选择长势差不多的品种，这样开出的花大小差不多，颜色各异，惹人眼球！

【拓展三 制作月季花架】科学制作

地栽月季花经常需要制作月季花架。根据月季花种类的不同，我们一般制作两种不同的月季花架。一种是三脚架形，由三根铁柱组成，上面呈圆拱形，从下到上用几个圆形将三根铁柱固定；还有一种为拱门形，用于为藤本类月季花搭建花架。

探究：你想制作一款怎样的月季花架呢？先设计再动手尝试制作。

后 记

　　月季花在中国的栽培历史悠久,品种多,可盆栽、地栽甚至搭建藤本月季花架。它不仅具有较高的观赏、美化价值,还能做药用,做成各种美食。变色月季(一朵花上有几种绚丽的颜色)的出现,让月季花更加迷人耀眼。因为它的美丽多姿,人们不仅将它做成植物标本,还衍生了布艺月季、蔬果月季、月季花名画等,许多服饰、物品上都有它的身影,有关它的传说、谜语、佳句更是层出不穷。现在,人们改良月季花的品种,让它一年四季在街道两旁精彩呈现,甚至出现了个性化标签"月季西施"!可见,只要付出就有收获,大家也可以预设成长目标,生成个性化专业成长"标签"!

（案例作者：赵欣　罗春蓉　湖南省怀化市沅陵县溪子口小学）

案例 ③ 赠人玫瑰，手有余香

——玩转玫瑰

前言

"秾艳尽怜胜彩绘，嘉名谁赠作玫瑰。"玫瑰，属于蔷薇科蔷薇属，花色艳丽，花香浓郁，花瓣还可以用来制作美食。这里说的玫瑰可不是人们常在花店买的"玫瑰花"（香水月季），让我们揭开玫瑰面纱，一探究竟吧！

【活动一 识玫瑰】科学观察

活动要求：

1. 观察并拍摄玫瑰植株的外部形态结构（重点观察叶和茎刺，也可以在网络资源——中国植物图像库中查找相应图片）。

2. 用图片及文字描述其特征。

	叶	茎刺	花	果实
图片				
主要特征（如形状、颜色、组成、气味、分布特征等）				

【活动二 辨玫瑰】科学分类

玫瑰和前言中提到的"香水月季"都是蔷薇科植物，两者之间有一些相同之处，加上名字的混用，使得许多人分不清玫瑰和月季。仔细观察，会发现它们的叶、茎、刺、花、果实均有不同。

活动要求：通过观察和查阅图片资料，运用思维导图软件制作区分玫瑰和月季的思维导图，帮助更多的人辨别出真正的玫瑰。

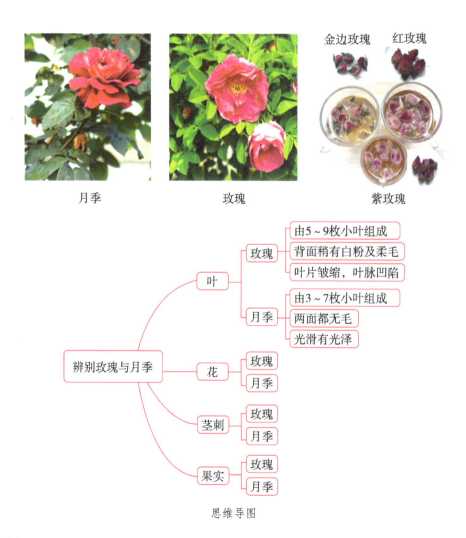

月季　　　　　　　　玫瑰

金边玫瑰　红玫瑰

紫玫瑰

思维导图

【活动三　定制赏玫瑰之旅】调查研究

玫瑰种植园调查：玫瑰花色艳丽，气味芳香，可食用，可提取精油，用途广泛。许多地方开设了玫瑰种植园。想要来一场赏玫瑰之旅吗？可以通过地图、旅游网站查找我国的玫瑰种植基地，结合周围的相关景点，设计一份"赏玫瑰之旅"方案。如果时间允许，可以制作成旅行日程表，与家人一同赏美景、闻花香。

> **赏玫瑰之旅**
> 一、玫瑰特色景点；
> 二、赏景最佳时间；
> 三、路线；
> 四、交通方式、日期等；
> 五、周边特色景点、美食等；
> 六、其他注意事项。

【活动四　食玫瑰】劳动技能

1. 制作玫瑰花茶

玫瑰花茶清香幽雅，可以搭配红茶、山楂等泡茶。

（1）从玫瑰花树上采摘下新鲜的玫瑰花苞。

（2）剪去花蒂，并把玫瑰花苞漂洗干净。

（3）晒干或低温烘干。

（4）将干燥后的玫瑰花苞放入茶杯中，再加入开水冲泡，稍等片刻就可以饮用。

2. 制作玫瑰酱

（1）购买300克玫瑰花瓣，洗净后晾干。

（2）称取450克白糖，放一层花瓣放一层糖。

（3）30分钟后，动手揉搓以让两者充分融合。

（4）加入150克蜂蜜，搅拌均匀。

（5）放于干净（无油、无水）的密封罐中，常温环境下等待一个星期即可食用。

（6）制作好后要将玫瑰酱放于冰箱，并尽快食用。

3. 制作玫瑰米酒

（1）浸泡。将糯米浸泡2～3个小时。

（2）处理花瓣。花瓣挑拣干净，蒸汽消毒，备用。

（3）消毒。趁泡米期间把之后要用的所有器具都清洗，消毒，晾干。

（4）蒸米。糯米沥干水，放入铺好纱布的蒸笼里，蒸熟透后摊开晾凉。

（5）酒曲。将甜酒曲碾碎，放于30℃以下水中搅拌化开。

（6）拌曲。将花瓣、大部分酒曲水一起拌入米饭中，翻拌均匀，加入适量凉白开水将米饭打散，至粒粒分明的状态。

（7）入缸。将拌好的米饭放入发酵容器中，整理平整，中间留洞，密封以形成无氧环境，放在28℃左右的地方发酵1～2天。

（8）食用。打开后要放于冰箱内冷藏保存并尽快食用。

【活动五 "创"玫瑰——3D打印玫瑰花】科技实践

3D打印是通过3D打印机，以数字模型文件为基础，运用特殊可黏合材料，通过逐层打印的方式来构造物体的技术。与传统打印机相比，最大的区别在于它使用的"墨水"是实实在在的原材料。在打印玫瑰花时，先通过三维画图软件设计出玫瑰花模型（也可以到网络相应平台上下载模型参数文件），导入3D打印机，然后添加相应颜色的原材料，最后打印成型。建议花和茎分开打印，最后再黏合在一起。

【拓展一 制作玫瑰永生花】劳动技能

永生花是将鲜切花，经过脱水、脱色、烘干、染色等一系列复杂工序加工而成的干花。

实践：永生花制作

1. 提前购买足量的鲜花干燥剂（硅胶颗粒）。

2. 选择新鲜的玫瑰花朵，剪下。

3. 先将干燥剂铺一层在容器的底部，然后将鲜花放上去，慢慢地用干燥剂将容器填满，直到看不见花朵为止，然后封好盖子，放到阴凉干燥的地方。

4. 大概一周之后，玫瑰花就被彻底脱水了，取出后刷掉干燥剂，放在玻璃容器中摆放装饰。

图中永生花材料是月季花和绣球

【拓展二　提取玫瑰精油】劳动技能

1. 在蒸馏瓶中放入玫瑰花瓣（清洗干净，沥干水分）和清水。

2. 安装蒸馏装置，通入冷水至水从出水口流出。开始加热煮沸后观察水蒸气和温度计的示数。蒸馏过程中保证有冷凝形成的液滴，控制液滴以每秒1~2滴速度滴出。

3. 获得油水混合物，在收集装置中加氯化钠使分层明显。

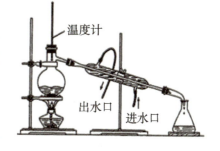

4. 用分液漏斗分离油层，用无水硫酸钠除去油层中的水，放置过夜。

5. 将过夜的玫瑰精油用精油过滤网过滤，除去固体硫酸钠。

（可以购买家用蒸馏器，便于在家中提取玫瑰纯露或精油。）

【拓展三　玫瑰精油抑菌实验】实验探究

探究实验：玫瑰精油能抑制细菌和真菌的生长吗？

作出假设：

实验材料和用具：

材料：10套灭菌后的琼脂培养基、玫瑰精油、无菌水。

用具：培养皿、无菌棉棒、标签纸、放大镜。

设计实验方案并实施：

1.打开培养皿盖，放在室内同一个位置10分钟。

2.将10套培养基平分为两组，甲组喷洒等量玫瑰精油，乙组喷洒等量无菌水。

3.把两组培养皿一起放到恒温箱或者室内温暖处培养3～4天。观察比较菌落的多少。

得出实验结论：观察比较发现时，可得出结论：玫瑰精油能抑制细菌和真菌的生长。

总结与交流：

1.为什么每组需要5套培养基？

2.实验方案第一步中，打开培养皿盖后放在室内10分钟的目的是什么？

后 记

关于玫瑰还可以开展玫瑰种植实践、绘画活动、玫瑰皂制作活动、设计玫瑰元素包装盒、玫瑰种植产业调查、玫瑰文化……玫瑰香气馥郁，宜观赏宜食用，还有很高的经济价值，实在是花中佳品。尝试开展玫瑰主题实践活动，切实感受这份美丽吧！

（案例作者：年玉娟　钟远微　广东省东莞市东城实验中学）

案例④ "菊"世无双

——玩转菊花

前言

　　春节期间，作为年花之一的菊花，多姿多彩，吸足了眼球。菊花作为我国的传统名花之一，具有花、药、食三种特性，内涵丰富，广受大家的喜爱。由于栽培技术的改进，品种的优化，现已打破秋菊认知。沏一壶菊花茶，品一口菊花糕，赏一丛菊花盆栽，一起感受菊花的美丽和美味，并且了解它是如何强大到"菊"世无双吧！

【活动一 揭开菊花美貌之谜】科学观察

活动要求：

（1）观察菊花的外部形态结构。

（2）通过由外及内剥离"花瓣"，区分菊花的舌状花和管状花。

像花蕊 有的菊花无 **管状花**

舌状花

像花瓣

　　判断：菊花只由一朵花组成吗？

　　由大量小花（舌状花、管状花）组成，称为头状花序。

　　思考：菊花的"颜值担当"主要是舌状花还是管状花？

　　拓展：尝试观察同为菊科的向日葵，找出两者在花的结构上有何异同。

【活动二 菊花美貌大比拼】科学观察

调查活动： 到学校、公园观察或上网搜索不同菊花的身影，对比一下特征。

提示： 颜色可分为单色和复色。瓣形分为平瓣、匙瓣、管瓣和桂瓣等。

记录： 拾起画笔，勾勒菊花的形态结构。

拓展： 从根、茎、叶、花、果实和种子这六个器官分析，菊花的形态结构与功能相适应吗？

	菊花A	菊花B
美貌指数		
颜色		
瓣形		
叶形		

【活动三 制作养生菊花饮品】调查研究

除了经典搭配"菊花+枸杞"，你还喝过哪些菊花饮品？

可以组织班级品菊花茶活动，感受这股独特的清香味。

菊花饮品	菊花山楂茶	雪梨菊花茶	三花茶	菊花普洱茶
制作难度				
味道指数				
选择占比调查				
查找功效				

思考：

1. 隔夜菊花茶易导致腹泻，这与隔夜菜产生的有害物质一样吗？

2. 你喝过夏桑菊颗粒吗？里面的"菊"指什么药材呢？

【活动四　尝试制作菊花菜肴】劳动技能

思考：所有的菊花都可使用吗？

常用食用菊：黄球、白球、金丝皇菊、宝幸等。叶子可夹猪肝脆炸。菊花梗茎可炖汤熬汁。

活动要求：制作美食，具体方法可求助家长或网络。

活动材料：菊花、鲮鱼肉、马蹄粉等。

菊花刺身

菊花炸鱼球

菊花糕

【活动五 体验菊花的种植】劳动技能

种植劳动：想跳过较长的生长周期？试试扦插吧！

1. 选枝条：选取当年生的健壮枝条，每段枝条上保留一个叶芽，顶部留下顶芽。

2. 切口处理：将其切口部分放在生根剂中浸泡，两小时后取出晾干，插入基质中。

3. 压紧枝条，再喷一次水，使土壤处于湿润状态。

其他方式：为使菊花生长强健，可用黄蒿或青蒿做砧木进行嫁接。

拓展：扦插、嫁接是属于有性生殖还是无性生殖？上网查阅更多菊花的繁殖方式并实践吧！

【拓展一　品读菊花文化】文化提升

诗词赏析：品读"采菊东篱下，悠然见南山"（陶渊明《饮酒》）等菊花赞歌，尝试归纳菊花象征的品格。

非遗传承：广东省中山市小榄菊花会，是传统民俗活动、国家级非物质文化遗产之一。你的家乡有菊花的相关展览会吗？了解其历史渊源和主要活动，并且相约好友，共游花海，拍照留念吧！

文创设计：挖掘菊花图案的设计，如"榄菊"公司的标志性菊花符号。尝试为当地菊花文化设计一个宣传标志。

【拓展二　设计菊花美图】创新思维

任务：观赏各色菊花后，设计心仪的样式——未来菊花造型。

探讨：菊花的美千姿百态，分析其本质原因。

从生物多样性探讨，体现了生物种类多样性、基因多样性，还是生态系统多样性？

思考：化身小小育种家，想想通过哪些方法可以培育菊花新品种？

拓展：试根据上述探究，命一道中考题。

【拓展三 DIY春节创意菊花香包】劳动技能

如何在赏花期后留住清香，动手制作香包吧！

1.获取干花：菊花经过晒干或烘干处理。可根据个人喜爱加入其他干花。

2.创新容器：

（1）缝制独一无二的布袋。

（2）巧用春节的"利是封"，延续喜庆，减少纸张浪费。

探索：菊花的香从何而来？可上网查阅资料，从化学角度分析，如含有挥发油等。

【拓展四 制作百变菊花作品】劳动技能

纸花、布艺花：如何利用彩纸、彩布展示菊花的"曼妙身姿"？可从网上查找教程，并尝试构造环境场景图，附上作品介绍。

插花：挑选自己钟爱的菊花，可搭配其他常见花材，如满天星和月季等，和小伙伴一起完成插花作品。

（案例作者：欧晓微　广东省中山市东区远洋学校；罗春蓉　湖南省怀化市沅陵县溪子口小学）

案例 ⑤ 舌尖上花食　居家来种植

——玩转石斛

前言

　　石斛是一种很名贵的中草药，药用价值居于中国九大"仙草"之首。石斛需要比较特殊的生长环境，现野生石斛已经非常稀少，人工种植石斛是国内外专家研究的课题之一。疫情期间居家的人足不出户，一下变得"无所事事"，这时能培养一种有益身心健康的兴趣爱好就非常棒了。养花和制作美食就特别适合居家劳动。养什么花可以美化我们的生活，又可以制作养生美食增强我们的免疫力呢？这里推荐栽种石斛和石斛养生花食制作。一起玩转石斛！

【活动一 认识石斛的药用价值和观赏价值】科学观察

　　石斛科普：石斛（学名：*Dendrobium nobile* Lindl.），又名仙斛兰韵、还魂草、金钗花、紫霎仙株等。性味甘淡微咸，益胃生津，滋阴清热。对于病后虚弱、目暗不明、咽喉沙哑非常有疗效，对提高免疫力、抗癌有奇效。石斛花姿高雅，花色鲜艳，气味芳香，花期持久，被喻为"四大观赏洋花"之一。老师种的石斛开花了，来欣赏一下吧！

【活动二 了解花食文化和食谱，选择种植石斛苗品种】
调查研究

这么美丽的石斛花，不但可以愉悦我们的心情，缓解疫情期间产生的莫名焦虑，还可以进行花食，增强我们的免疫力。什么是花食？让我们来了解一下！

花食文化：花食文化在我国历史悠久，每年五月初五还是我国的花食节，人们把鲜花烹饪成可口的美食。常见的花食有花茶、鲜花粥、鲜花糖水、鲜花汤、鲜花饮料等，植物的果实、茎秆等也可以作为食材。

石斛苗品种选择：根据花食要求，我们要选种花形美、口感好、药用价值高的石斛品种来种植，铁皮石斛就是首选，金叉石斛、鼓槌石斛等也都是不错的选择。正好老师种的这几种石斛也都开花了，我们来认识它们吧！

铁皮石斛   金叉石斛   鼓槌石斛

【活动三 了解野生石斛生长环境及仿生态种植原理】
调查研究

调查研究：石斛生长在悬崖峭壁或树上，靠气生根吸水，我们在阳台尽量模仿其原生态的生长条件来种植，只要能保持湿润透气，盆种、板种、石头种等均可，但一定不能积水，要让根充分透气，否则易烂根。

【活动四 仿原生态条件居家栽种石斛】劳动技能

1. 紫砂盆种植

①准备材料：松树皮、铁皮石斛苗、紫砂盆	②把松树皮泡湿1/2放入紫砂盆中	③用剩下1/2松树皮把铁皮石斛苗定植

2. 懒人盆种植（水培）

①准备材料：懒人盆、铁皮石斛苗、松树皮	②把吸水棉绳穿过定植篮底，外盆储水1/4	③用泡湿的松树皮固定定植盆中的石斛苗

3. 木板种植

①准备材料：铁皮石斛苗、木板、水苔、绳子	②把水苔泡湿放在泡湿的木板上	③用绳子把石斛苗根部捆绑固定在木板上，铁丝挂起

4.石头种植

①准备材料：砖头、铁皮石斛苗、水苔、绳子	②把水苔泡湿放在泡湿的砖头上，把石斛苗根部固定	③在砖头表面贴上青苔装饰

【活动五 利用石斛制作养生花食】劳动技能

在阳台种上几盆石斛，赏花的同时制作美味养生的花食真是非常惬意。心动要赶快行动，一起来做舌尖上的花食吧！

1.石斛花养颜饮品

石斛花枸杞养颜花茶	石斛山楂榨汁饮料	石斛鲜花银耳糖水

2.石斛花养生美食

石斛鲜花蛋挞	石斛鲜花瘦肉粥	石斛鲜花煲老鸡汤

【活动六 石斛拓展创作（选做）】创新思维

拓展一： 探究不同石斛种植方法创新

给大树穿裙子：树栽	充分利用空间：墙栽	废物利用：水果篮、矿泉水瓶……

拓展二： 探究不同石斛养生美食创新

提示：

1. 利用石斛制作美食组合，如广式下午茶或一顿晚餐。

2. 多种石斛美食搭配，根据营养膳食宝塔注意营养均衡搭配。

3. 尝试不同花材和酸碱度做调色花茶、花茶果冻、花茶冰棍……

拓展三： 石斛花创作

提示：绿植家居装饰设计，石斛摄影、绘画、自然观察笔记、石斛香皂、石斛面膜……头脑风暴，用石斛还可以进行哪些居家创作？

（案例作者：苏敏娜　广东省东莞市谢岗中学）

案例❻ 接天莲叶无穷碧 映日荷花别样红

—— 玩转荷与莲

前 言

"接天莲叶无穷碧，映日荷花别样红。"莲与荷有什么关系呢？我们熟知的莲藕、莲子、莲芯、莲蓬来自哪一种植物呢？睡莲与莲一样吗？让我们一起走进荷和莲的世界，感受它们的魅力吧！

【活动一 识：睡莲与荷、莲的区别】科学观察

荷与莲是同一种植物，莲花等于荷花，莲叶等于荷叶，在植物学中，莲是正式汉语名称，荷是俗称。在古代，人们称它为芙蕖，称它的花为芙蓉；称它未开放的花蕾为菡萏；称它的叶为荷叶或莲叶。睡莲与荷/莲有较大区别，睡莲属于睡莲科、睡莲属，荷/莲属于莲科、莲属（结合植物基因演化关系，现在的分类将莲属从睡莲科分离出来，自成一家：莲科）。

荷/莲

睡莲

两者的外形特征有什么区别呢？观察两者的叶片，睡莲叶片油亮，呈带有缺刻的圆形或盾形，浮在水面或沉于水中；荷/莲的叶较大，一般呈封闭的圆形，与花朵一起高举于水面之上。观察其他器官或结构，找出它们的区别吧！

	叶	茎	花	果实	种子	其他
睡莲						
荷/莲						

【活动二 辨：制作荷莲图谱】科学观察

荷/莲与我们的生活关系密切，很快就到了观莲闻荷香的时节。请你结合活动制作一幅荷/莲图谱，用剪贴画或者手绘画的形式。介绍荷/莲与睡莲的区别；介绍莲藕、藕带、莲子、莲芯到底来自莲身体的哪一部分。在与家人、朋友观赏莲花时，可以拿出来展示，做一回科普小行家吧！

【活动三 摄：拍摄荷/莲倩影】艺术创作

要问六月什么花最美，必然是那清雅别致的荷/莲、睡莲。在外出游玩时用各种摄影设备拍摄下它们的倩影吧。使用单反利器的同学们，在出行前不妨先了解光圈、快门、曝光补偿、感光度的含义，了解基本拍摄模式，如光圈优先模式和快门优先模式的区别，熟悉后可以结合环境的明暗调节相机参数，从而摄得独特美照。

拍摄的作品不要闲置哦，可以去参加摄影比赛；也可以冲洗加相框后作为礼品送给家人、朋友、老师哦！

【活动四 绘：手绘荷/莲风姿】艺术创作

"出淤泥而不染，濯清涟而不妖"，荷/莲或是睡莲，不仅入景入镜，还适宜入画。喜爱绘画的同学们，用你们的画笔画出荷的姿态、莲的神韵吧！

【活动五 植：打造荷/莲盆景】生产劳动

人们喜爱荷/莲，还培育出了适宜阳台盆栽的荷/莲、睡莲品种。荷/莲和睡莲的繁殖方式分有性生殖（种子繁殖）和无性生殖（荷/莲用藕繁殖，睡莲用根繁殖）两种。接下来我们以睡莲的种子繁殖为例介绍种植方法。

1. 做好前期准备

（1）购入睡莲种子和种植器皿。

（2）提前两周放入未被污染的池塘底的塘泥，浸泡。

2. 处理种子

磨：把种子的钝端在粗糙的水泥地上磨破种皮，便于胚芽伸出。

浸：浸于温水中，一天换2～3次水。

3. 移植小苗

（1）发芽以后，等长出2～4片叶子及根后，就可以移栽到泥里。

（2）移栽时将小苗的细根完全埋入泥中。

（3）每盆只栽一株小苗，移栽后加适量水。

4. 施肥

睡莲移栽到泥里2～3周后，待进入生长旺期再施肥。做完这些后，将睡莲放在阳光明亮的地方，静待花开。

【活动六 品：制作荷/莲美食】劳动技能

东莞市东城实验中学的学生制作凉拌莲藕的过程

荷/莲几乎全身可食用，食用方法丰富多样，可盐可甜，也发展出许多地域性美食，比如岭南——莲子双皮奶、济南——炸荷花、江浙——桂花糯米藕、武汉——莲藕筒骨汤。看到这里，你是不是也跃跃欲试了呢？利用周末时间设计一桌全莲宴，与家人一起制作一桌荷/莲主题特色美食吧！别忘了餐后泡杯解腻润喉的荷叶茶哦！

活动要求：在家长的陪同下，用荷叶、莲藕、莲子、藕带等来制作美食。

【拓展一 忆：飞花令——荷/莲】传统文化

飞花令：设置一个关键字，参赛选手要说出带有此关键字的诗词，直到有一方无法说出，则另一方获胜。

带有荷或莲的诗词很多，如"江南可采莲，莲叶何田田""青荷盖绿水，芙蓉发红鲜""竹喧归浣女，莲动下渔舟""灼灼荷花瑞，亭亭出水中"等。我们可以与语文老师商议，在班内开展一次飞花令（关键字是荷或莲）比赛，既考查同学们的古诗词记忆功底，又增加他们对传统诗词文化学习的兴趣。

【拓展二 诵:《爱莲说》悟修养】传统文化

爱莲说

[宋]周敦颐

水陆草木之花,可爱者甚蕃。晋陶渊明独爱菊。自李唐来,世人甚爱牡丹。予独爱莲之出淤泥而不染,濯清涟而不妖,中通外直,不蔓不枝,香远益清,亭亭净植,可远观而不可亵玩焉。

予谓菊,花之隐逸者也;牡丹,花之富贵者也;莲,花之君子者也。噫!菊之爱,陶后鲜有闻。莲之爱,同予者何人? 牡丹之爱,宜乎众矣。

点评:全文托物言志,以莲喻人,通过对莲花的描写和赞美,歌颂了君子"出淤泥而不染"的美德,表达了作者不与世俗同流合污的高尚品格和对追名逐利的世态的鄙弃和厌恶。

感悟:＿＿＿＿＿＿＿＿＿＿＿＿＿＿＿＿＿＿＿＿＿＿。

【拓展三 叹:荷叶效应】仿生与环保

荷叶上的水滴

仿生:科学家用扫描电子显微镜观察荷叶,发现上面密布着微小的突起,突起间充满空气,减少了水滴与荷叶的直接接触,水滴会圆滚滚地"溜"走,同时还带走了灰尘。荷叶这种自洁能力被称为荷叶效应，它启发人们去研制超疏水材料，这些材料可以用于涂料、油漆、果酱瓶内壁、洗发水瓶内壁、防污布料和防粘马桶内壁等。

思考一下，用超疏水材料做内壁的洗发水瓶，和不用这种材料的普通洗发水瓶相比，哪一种对人类或环境有益？

_____。

我们周围的哪些物品也用了超疏水材料呢？

_____。

【拓展四 悟：荷花定律】人文拓展

一个荷塘，第一天荷花开放的很少，第二天开放的数量是第一天的两倍，之后的每天，荷花都会以前一天两倍的数量开放。如果到第三十天，荷花就开满了整个池塘，那么请问：在第几天池塘中的荷花开了一半？第十五天？错！是第二十九天。这就是荷花定律，也被称为"30天定律"。这个哲理利用了一个数学计算题：$2^{30}=2 \times 2^{29}$，启示人们29天的努力与最后的成功只有一天之遥，坚持不懈、坚韧不拔的意义正在于此。荷花开放的规律并不如文中哲理所描写，池塘往往也不会那么大，但是所有植物生长初期都是在积蓄力量，不断汲取营养默默生长，突然有一天绽放出美丽的花。令人惊叹的成功也是建立在长期的坚持与成长上的啊！

后 记

还有许多关于荷与莲的拓展活动，如花艺、花瓣拓印、荷与莲能顺利在水中呼吸的秘密、打造荷莲节、荷塘生态系统的多种经济效益……接天莲叶无穷碧，映日荷花别样红，快一起来欣赏它们，研究它们吧！

（案例作者：年玉娟　林彬璇　东莞市东城实验中学）

案例 ⑦ 走进"桂"族世界

——玩转桂花

前 言

　　摇桂花对我来说是件大事，我总是缠着母亲问："妈，怎么还不摇桂花呢？"母亲说："还早呢，花开的时间太短，摇不下来的。"可是母亲一看天上布满阴云，就知道要来台风了，赶紧叫大家提前摇桂花。这下，我可乐了，帮大家抱住桂花树，使劲地摇。摇哇摇，桂花纷纷落下来，我们满头满身都是桂花。我喊着："啊！真像下雨，好香的雨呀！"

——摘自《桂花雨》

　　同学们还记得五年级学过的《桂花雨》一课吗？桂花是中国传统十大名花之一，亦为香花植物中兼具实用和观赏价值的优良园林树种。今天我们一起走进"桂"族世界，与"桂"族交个朋友吧！

【活动一 "识桂"——认识桂花的品种】科学观察

活动要求：查阅资料，填写以下表格，学会区别不同桂花品种。

	科中文名	花期	果期
山桂花			
红背桂花			
荷包山桂花			
野桂花			

相关网站： 中国植物物种信息数据库植物科学数据中心

【活动二 "食桂"——糖桂花淮山糕】劳动实践

活动要求： 准备好以下的食材并按照提供的步骤制作美食，将成果拍照打印。

活动材料： 铁棍淮山550克、糖桂花适量、细砂糖等。

制作步骤：

1. 铁棍淮山洗净后，切成段，冷水入锅，大火蒸20分钟，至淮山蒸熟。

2. 稍微冷却后，将淮山皮去掉。

3. 用勺子将淮山完全压碎。

4. 加入适量的细砂糖，搅拌均匀。

5. 月饼模具刷上一层糖桂花。

6. 填入淮山，一个一个印出来。

7. 淋上糖桂花。

糖桂花淮山糕成果

知识延伸：

主要材料	主要营养成分
铁棍淮山	
糖桂花	
细砂糖	

【活动三 "研桂"——桂花的价值】科学归纳

根据提供的资料概括桂花的价值。

价值	相关资料
	资料一：桂花树是名贵绿化树种之一，在园林绿化及庭院绿化中应用效果极佳。如苏州桂花公园以桂花树种为特色，园中桂花品种之丰富，数量之多，居国内首位。肇庆七星岩公园中遍植桂花，花期时，公园里清香扑鼻，美景撩人
	资料二：《本草纲目》记载，桂花能"治百病、养精神、和颜色，为诸药先聘通使，久服轻身不老，面生光华、媚好常如童子"。桂花籽，味甘、辛、性温，可化痰、生津、暖胃、平肝
	资料三：用桂花制作的商品应用很广泛，比如饮食类的有桂花茶、桂花糕、桂花蜜、桂花饼、桂花糖和桂花酒等；日用类的有桂花露（除臭液）、桂花香水等。目前全国有名的桂花商品生产基地有安徽六安、湖北咸宁、湖南桃源、江苏苏州、广西桂林、湖北武汉、浙江杭州和四川成都等

【活动四 "折桂"——金榜题名】文化体验

活动前言：桂花的分布很广泛，但由于其外表低调，少有人给予关注。其实桂花是一种美好的存在。古人曾用"折桂"来指代科举及第，现在就让我们一起"折桂"，给自己一个美好的祝愿吧。

活动引导：

第一步：上网查找所住城市哪里栽种了桂花树（如公园、景区等）。

第二步：网上查找不同桂花树品种的图片，记下桂花树的形态特征，便于发现。

第三步：出发寻找桂花树（许多城市的小区和绿化带都有桂花树，同学们可就近寻找，多留心观察）。

第四步：现场调查并记录桂花树的品种、数量以及栽培用途（观赏、绿化或者商业等），仔细观察或咨询了解当地桂花树的繁殖方式（扦插、压条或嫁接）。

第五步"折桂"：经管理员同意后方可适量折取一些桂花枝条或摘取桂花。

第六步：制作桂花工艺品或使用桂花枝条尝试扦插栽种桂花。

地点	桂花树品种	桂花树数量	栽培用途	繁殖方式

【拓展一 揭秘"桂花有毒"】辩证思维

新闻链接

辩证思维：近年来，时有报道称因赏桂花、闻桂花香而引起呼吸道疾病。请上网收集相关资讯，指出赏桂花的注意事项，并传达给身边的人。

提示：有研究表明，桂花的花粉并不会导致过敏，但是桂花浓郁的香气会使一些过敏性体质的人群出现过敏反应。

赏桂花注意事项：

1. _____。

2. _____。

3. _____。

【拓展二 街头的桂花能吃吗？】辩证思维

辩证思维：桂花盛开的季节，有些地区的街道处处充满着桂花香。大家都知道桂花除了观赏还可以食用，所以，有些市民会收集或采摘街道上的桂花用来制作食品。你认为这种行为可取吗？请说出你的理由。

提示：为了杀虫，绿化管护单位会定期给绿化树喷洒农药。种在街边的桂花，会受到汽车尾气的污染。

个人思考：

我认为这种行为_____。

理由：_____。

【拓展三 桂花工艺品制作之桂花香花包】劳动实践

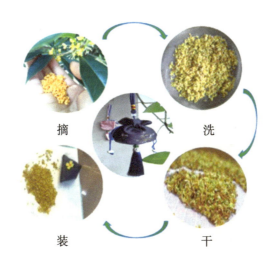

摘　　洗　　干　　装

材料：布料、干桂花、尺子、剪刀、笔、针线、麻绳（10厘米左右）。

做法：

1. 摘花和洗花：第一次用淡盐水洗；第二次用清水洗。

2. 干花：先用厨房纸吸走水分，之后晒干或者烘干。

3. 装花：将干桂花直接装入香包，可以自己缝制香袋，或者上网购买现成的香花袋。

【拓展四 桂花树扦插繁殖】劳动实践

资料：扦插繁殖是指取植株营养器官的一部分，插入疏松湿润的土壤或细沙中，利用其再生能力，使之生根抽枝，成为新植株。按取用器官的不同，又有枝插、叶插、根插和芽插之分。

实践：根据以下指引进行桂花树扦插繁殖。

1. 建立插床。建立无虫无菌、排水方便、土质适宜的插床，是桂花扦插繁殖成功的前提。床土一般选用疏松透气、保水力强的微酸性土壤，土粒细碎，床面平整。在扦插前15～20天，分别用800～1000倍液的敌百虫药液和100倍的福尔马林喷洒床土，以杀灭线虫和病菌，有利于提高扦插成活率。

2. 选择插条。在品种优良的健康母树上，选取生长势强的当年生嫩枝用作插穗。在早晨、傍晚或阴雨天气剪枝，当天剪当天插。为促进插穗生根，将插穗下端浸泡于浓度为50～200mg/kg的ABT生根粉溶液中，浸5～10小时。

3. 扦插方法。将插穗的下端插入土壤，深度为插穗的2/3。扦插后对苗床浇一次透水，覆盖薄膜保湿，搭建遮阳网遮阳，以避免直射光的照射。

【拓展五 "花语"知多少】博古通今

资料：桂花花语

1. 因"桂"谐音"贵"，有荣华富贵的寓意，有些地方的习俗新娘子要戴桂花，寓意"早生贵子"。

2. 盛产桂花的少数民族地区，"一枝桂花一片情，桂花树下定终身"，青年男女常以赠送桂花来表达爱慕之情。

任务：不同地区，不同时期，桂花的花语可能不同，大家有兴趣可以进一步挖掘。

地区	桂花花语
杭州	友好善良、吉祥如意

（案例作者：胡婉茵　广州市南沙区滨海实验学校）

案例 ⑧ 百事合意

——玩转百合

前 言

　　百合，是百合科百合属，多年生草本球根植物，原产于中国，主要分布在亚洲东部、欧洲及北美洲等北半球温带地区。全球已发现百合至少有120个品种，其中55种产于中国。近年有不少经过人工杂交而产生的新品种出现，如亚洲百合、香水百合、火百合等。百合的鳞茎含丰富淀粉，可食，亦作药用。

　　因为百合花优雅幽香，叶片青翠娟秀，茎干挺拔玉立，深受人们喜爱，素有"云裳仙子"之称，而且高雅纯洁的百合还有"百年好合""百事合意"之意。

【活动一 观察百合】科学观察

活动要求：观察百合的形态结构，了解各部分的特征和用途，并判断：哪一部分可加工食用？

	根	茎	叶	花
特征				
用途				

【活动二 解剖、观察百合花】科学探究

	花瓣	雌蕊	雄蕊
肉眼观察			
显微镜观察			

提示：小组分工合作，一边解剖一边观察记录，并画出示意图。

【活动三 百合的分类】科学探究

活动要求：百合花因品种不同，其植株的高矮、大小不一、花形、花色也各不相同，仔细观察、测量，并调查一下常见百合花受欢迎的程度，认真做好记录。

	花	茎	叶	受欢迎程度
亚洲百合A				
麝香百合L				
LA百合				
东方百合O				
喇叭百合T				
OT百合				
LO百合				
食用百合				

【活动四 百合品种的选择】社会调查

	易养程度	香气浓度	价格
亚洲百合A			
麝香百合L			
LA百合			
东方百合O			
喇叭百合T			
OT百合			
LO百合			
食用百合			

【活动五 百合的种植】科学种植

	土壤	水分	温度	光照	养分
2—3月					
4月					
5月					
6月					

提示：根据社会调查，挑选喜欢的百合花品种种植。百合花是一种很适合盆栽种植的花卉，在自家的阳台或学校的基地种植百合。百合靠种球繁殖，养殖百合最怕烂根，浇水是关键，等盆土干透前浇水，不能使用生肥和浓肥。

探究：亚热带的秋冬季节，为何还有百合花盛开呢？（给百合种球制造一个春化的环境）

【活动六 百合吃法大比拼】社会调查

提示：百合自古为药、食、赏三用的佳品，特别适合在夏季食用，因为它有清热解毒的功效。百合不宜和猪肉、羊肉一起食用。小组内每人尝试制作一道不同的百合美食，完成下表。

吃法	方便指数	营养指数	味道	功效
西芹炒百合				
银耳百合汤				
黑木耳炒百合				
……				
……				

拓展研究：哪些人不适合吃百合呢？

【活动七 探究百合不同部位的抑菌作用】科学探究

许多植物都有自己的抑菌措施，本活动旨在探究百合花的花、叶、茎不同部位的抑菌作用。

设计实验研究百合花：培养细菌，制作药纸片，利用各种消毒方法，得到百合花的花、叶、茎不同部位的抑菌作用的区别。

结果证明，百合花不同部位的抑菌作用强弱依次是叶、茎、花，验证了百合花各个部位都有抑菌作用，让百合花健康生长。

【活动八 百合花精油的提纯】科学探究

百合花精油的提纯方法，包括以下步骤：
尝试提纯百合花精油，补充实验步骤。

清洗　　　　超声　　　　萃取　　　　精馏

【活动九 百合鲜切花保鲜】科学探究

百合因花色五彩缤纷，润泽鲜艳，姿容雅美，花冠近似王冠，代表着财富与富贵。"百合"两字代表家庭幸福，寓意"百事合意"。人们常常喜欢把百合鲜花养在家中的花瓶里。如何让它保鲜呢？

（1）摘除多余的叶子，将底部花茎45°斜切，每次换水时再切一次。

（2）水里加维生素C片（1～3片）或少量白糖。

（3）摘除雄蕊上的花药，一定要小心，避免弄到衣服或者家具上，难清理。

（4）避免放在太阳光强烈的地方，要放在通风良好处。

【活动十 百合切花染色技术的研究】科学探究

活动目的：探究5种食用色素对百合切花的染色效应。

	果绿	柠檬黄	胭脂红	苋菜红	日落黄
染色浓度					
染色时间					
染色效应					

提示：染色后百合花瓶插寿命稍有缩短，但能达到切花所要求的7～9天观赏期。

【拓展一 百合花手工艺术】手工劳动

百合花冠秀美，寓意又好，因此受到大家的青睐，人们不仅喜欢种植百合花，也喜欢用各种材料动手制作百合花。小组分工合作，每人学习其中的一种，熟练后在班里教其他同学。

1. 百合剪纸艺术。
2. 百合衍纸艺术。
3. 百合折纸艺术。
4. 百合丝网花艺术。
5. 百合彩带艺术。

【拓展二 阅读小说《百合花》】科学思维

　　《百合花》是当代著名女作家茹志鹃创作的一篇短篇小说。小说以解放战争中的淮海战役为背景，描写的是1946年的中秋之夜。作者把一个流血牺牲的战斗故事，写得充满诗情画意，谱写了一曲令人百转回肠的"没有爱情的爱情牧歌"。在小说最后，漂亮的新媳妇把她唯一的嫁妆——一床崭新的撒满百合花的被子，盖在为掩护群众而牺牲的年仅19岁的通信员身上。百合花的意蕴丰厚，既指被子上的图案，又象征了年轻媳妇的朴素善良、纯洁无瑕。小说表现了战争年代崇高纯洁的人际关系，歌颂了人性美和人情美。仔细阅读原文，画出阅读思维导图。

后 记

　　百合的研究活动还很多：创意故事——云南小伙子余小龙从一名鲜花搬运工变成专注百合的"花匠"，研发了百合花茶、百合酒、百合面膜等产品。2021年7月，沈阳市举办首届百合花汉文化节，以百合花促进城市经济文化发展；黑龙江省宝清县也在盛夏7月举办第二届百合花文化节，以百合花为媒介，开拓乡村振兴发展新思路。百合产于中国，娇艳坚韧，自古便受到文人墨客的喜爱，吟诵百合花的诗词不少。百合花让人们体悟到传统文化之美、幸福生活之美、新时代精神文明之美。

　　（案例作者：罗春蓉　赵欣　湖南省怀化市沅陵县溪子口小学；陈晓云　广东省东莞市东坑镇东坑中学）

案例⑨ 向阳而生　逐光而行

——玩转向日葵

前 言

明末金石学家赵崡撰写的《植品》一书中记载："又有向日菊者，万历间西蕃僧携种入中国。干高七八尺至丈余，上作大花如盘，随日所向。花大开则盘重，不能复转。"大家猜到是哪种常见的植物了吗？就是向日葵！！

向日葵，是菊科向日葵属的植物，因花序随太阳转动而得名。向日葵的果实——葵花籽是瓜子里面的经典代表，原味、五香、奶油等口味多样。让我们一起来探寻向日葵的奥秘吧！

【活动一 调查向日葵的种类】调查研究

市场调查：按习惯，向日葵分为野生向日葵、观赏向日葵和栽培向日葵，请通过调查，完成下表。

向日葵的类型	生活场所	植株高度	花的颜色	葵花籽的长度	葵花籽皮的颜色
野生向日葵					
观赏向日葵					
栽培向日葵					

【活动二　认识向日葵的形态结构】科学观察

活动要求：观察向日葵的外部形态结构，思考下列问题。

向日葵的结构	思考问题	观察提示	你的观察结果
根	根据所学的生物知识，向日葵的根系属于什么根系？区分根的类型	根系是指一株植物根的总和，由胚根发育成的根叫主根，从主根上生出的根叫侧根，侧根上还能生出细小侧根。从茎、叶等部位生出的根叫不定根。主根与侧根有明显区别的根系叫直根系，所有根粗细相近的根系是须根系	
茎	1.观察向日葵茎的结构（放大镜、显微镜）。2.将茎插入红墨水中，认识导管	导管是运输水分和无机盐的管道，运输方向：自下而上	
叶	1.肉眼观察向日葵的叶脉，属于平行脉还是网状脉？推测向日葵属于单子叶植物还是双子叶植物？2.你能否用显微镜观察一下叶的结构？	单子叶植物是指种子的胚中只有一片子叶的植物，叶脉多为平行脉；双子叶植物是指种子的胚中有两片子叶的植物，叶脉多为网状脉	
花	一个向日葵花盘是一朵花吗？为什么？	向日葵的花盘边缘有黄色的舌状花，花盘中有许多管状花	
果实和种子	向日葵果实中的每部分结构你都认识吗？	 果皮　种皮　两片子叶　胚根 胚轴 胚芽 双子叶植物	

拓展：向日葵花又称为"朝阳花""向阳花"；太阳花，本名"非洲菊"，你能区分向日葵花与太阳花吗？

【活动三 探究常见环境因素对向日葵种子萌发的影响】 科学探究

你会探究常见环境因素对向日葵种子萌发的影响吗？

例如： 探究光照对向日葵种子萌发的影响。

花盆	水分	温度	光照	向日葵种子数量	统计种子萌发数量
1	适量	20℃	有光	20粒	
2	适量	20℃	无光	20粒	

水分、温度、土壤类型、pH值对种子萌芽的影响。

提示： 进行科学探究实验一定要遵循单一变量原则、设计对照试验、避免偶然性。

拓展： 人工模拟盐、碱胁迫对向日葵种子萌发的影响。（在老师的指导下，初步了解碱和盐的区别和配制方法）

【活动四 体验向日葵的种植】生产劳动

种植劳动： 如果在自家阳台，可以选择观赏型向日葵种植；如果在校园或楼下的试验田，可以选择栽培型向日葵种植。

1. 种植时间：通常在春季3—4月进行，温度在18～25℃。

2. 浸泡：将籽粒饱满的向日葵种子浸泡3～6小时。

3. 种植：种植前要深翻土壤，确保疏松且肥沃，浇透水（如果阳台盆栽，一定要底部留空，确保能渗水透气），将向日葵种子尖头朝下插入土中，覆盖薄土，5～7天即可出苗，出苗后要迅速转移到有阳光的地方，避免徒长。

思考： 向日葵种子播种时为什么尽量尖头朝下？

提示： 种子的结构中胚根的位置。

拓展研究： 体验人工辅助授粉（向日葵花雄蕊先成熟，雌蕊后成熟，自花传粉受精率低，异花传粉结实率高，所以我们应当及时进行人工辅助授粉。授粉一般在盛花期要进行三到四次，可以采用对花盘、粉扑子、棉线手套等方式进行传粉，或者收集父本的花粉，用小刷子轻轻地将其涂抹在母本的柱头上。

粉扑制作方法： 用硬纸壳剪成直径10厘米的圆盘，垫上棉絮使中央部分稍凸，用绒布或纱布包起来，背面扎一个把手即成授粉扑。）

【拓展一　认识向日葵中神秘的斐波那契数列】科学思维

资料： 向日葵小花和葵花籽盘中的螺旋形状有一个显著的特征：顺时针和逆时针螺旋的数量是连续的斐波那契数列——按顺序为1，1，2，3，5，8，13，21，34，55，89，144……

训练：

1. 你能发现斐波那契数列的规律吗？

2. 数一数葵花籽盘中顺时针的螺旋数量和逆时针的螺旋数量是否符合资料中的规律。

拓展：

1. 向日葵花的斐波那契数列排列有什么好处？

2. 调查斐波那契数列在大自然中应用的其他实例。

提示： 植物的光合作用需要光能。

【拓展二 DIY稻草人防虫鸟】劳动技能

活动背景：德州市第四中学的师生发现：校园试验田内的向日葵居然被鸟吃得所剩无几。

活动要求：DIY稻草人防虫鸟。

材料：废旧拖把杆或其他木棍、铁丝或细绳、废旧帽子和上衣、彩色塑料袋等。

【拓展三 搜集向日葵蕴含的文化内涵】文化素养

1.向日葵从何而来？——搜集向日葵的传说。

2.一般把向日葵花送给谁？——搜集向日葵的花语。

3.古人是如何描述向日葵的？——搜集向日葵的古诗词。

4.现代人以向日葵为素材的优美句子？——搜集描写向日葵的优美句子。

5.向日葵是无数画家笔下的色彩。——欣赏向日葵名画（如凡·高的《向日葵》）

拓展：如何做一棵阳光下灿烂的向日葵，成为"向日葵一族"？

【拓展四 以"向日葵"为主题进行文化创作】创新思维

活动要求：以向日葵为素材，创作一个向日葵作品。

作品形式：形式不限，如画向日葵、向日葵拼贴画、超轻黏土向日葵、向日葵折纸、向日葵插花、向日葵诗歌、葵花籽皮粘贴画、布艺手作向日葵、毛线钩织向日葵等。

后 记

　　有关向日葵的拓展活动还有很多，如了解向日葵向日的原因、制作美味的向日葵食品、认识向日葵的各种价值、比较观赏向日葵和油葵的脂肪含量、体验压榨葵花籽油、搜集可与向日葵间作套种的植物……最后，希望大家学习向日葵的向阳精神，愿我们都能向阳而生，不畏岁月的风雨；逐光而行，不惧人生的霜雪！

（案例作者：佘崇梅　山东省德州市第四中学）